Corporativo Robertson, Saracho, Del Peral S.C. de R.L. de C.V.

La Gran Pregunta: ¿Pagar o no Pagar?

Manual de interpretación en materia del I.V.A.
para Personas Morales Prestadoras
de Servicios Empresariales

Dr. Guillermo Robertson Andrade

La Gran Pregunta: ¿Pagar o no Pagar?

Manual de interpretación en materia de I.V.A. para Personas Morales Prestadoras de Servicios Empresariales.

Dr. Guillermo Robertson Andrade

La Gran Pregunta: ¿Pagar o no Pagar?

Manual de interpretación en materia de I.V.A. para Personas Morales Prestadoras de Servicios Empresariales.

Dr. Guillermo Robertson Andrade

La Gran Pregunta: ¿Pagar o no Pagar?

Manual de interpretación en materia del I.V.A.
para Personas Morales Prestadoras
de Servicios Empresariales

Dr. Guillermo Robertson Andrade

La Gran Pregunta: ¿Pagar o no Pagar?

Manual de interpretación en materia de I.V.A. para Personas Morales Prestadoras de Servicios Empresariales.

Dr. Guillermo Robertson Andrade

La Gran Pregunta:
¿Pagar o no Pagar?
Manual de interpretación en materia del I.V.A.
para Personas Morales Prestadoras
de Servicios Empresariales.
Primera edición 2015.

La Gran Pregunta:
¿Pagar o no Pagar?
Manual de interpretación en materia del I.V.A.
para Personas Morales Prestadoras
de Servicios Empresariales.
Primera edición 2015.
D.R. © Dr. Marcos Guillermo Robertson Andrade

Para esta edición
D.R. © R S Ediciones
Moctezuma No. 718-4 Zona Centro,
Teléfono 646.204.2273
Ensenada, B.C. C.P. 22800
info@rscorporativo.com

Edición, diseño y portadas
D.R. © Wendy R. Saracho Narcio.

Corrección y estilo
D.R. © Wendy R. Saracho Narcio.

La Gran Pregunta:
¿Pagar o no Pagar?
Manual de interpretación en materia del I.V.A.
para Personas Morales Prestadoras
de Servicios Empresariales.
Primera edición 2015. Es una publicación de:
Corporativo Robertson, Saracho, Del Peral S.C. de R.L. de C.V.
Av. Moctezuma No.718-4 Zona Centro
Ensenada B.C. C.P. 22800
Oficina. 646.204.22.73

ISBN 978-1512088694
TODOS LOS DERECHOS RESERVADOS

La Gran Pregunta: ¿Pagar o no Pagar?

Manual de interpretación en materia de I.V.A. para Personas Morales Prestadoras de Servicios Empresariales.

Dr. Guillermo Robertson Andrade

Antes de Siquiera Respirar:

Nota del Autor:

Es de comentar que en términos de los artículos 89 y 90 del Código Fiscal de la Federación vigente; todo lo que el suscrito expresará en el presente trazado de arquitectura puede no gustarle a las autoridades fiscales mexicanas, en la interpretación que éstas hagan de las leyes tributarias vertidas en la presente obra.
Sin embargo no es mi culpa si ellas difieren, disienten o piensan de manera distinta.

Dr. Guillermo Robertson Andrade

Nota del Editor:

La presente obra no refleja los criterios, pensamientos, ideas u opiniones del editor, sino del autor.

Wendy R. Saracho Narcio.

La Gran Pregunta: ¿Pagar o no Pagar?

Manual de interpretación en materia de I.V.A. para Personas Morales Prestadoras de Servicios Empresariales.

Dr. Guillermo Robertson Andrade

La Gran Pregunta: ¿Pagar o no Pagar?

Manual de interpretación en materia de I.V.A. para Personas Morales Prestadoras de Servicios Empresariales.

Dr. Guillermo Robertson Andrade

"Lo mejor que podemos hacer por otro no es sólo compartir con él nuestras riquezas, sino mostrarle las suyas."

Benjamín Disraeli (1766-1848)
Estadista inglés.

La Gran Pregunta: ¿Pagar o no Pagar?

Manual de interpretación en materia de I.V.A. para Personas Morales Prestadoras de Servicios Empresariales.

Dr. Guillermo Robertson Andrade

La Gran Pregunta: ¿Pagar o no Pagar?

Manual de interpretación en materia de I.V.A. para Personas Morales Prestadoras de Servicios Empresariales.

Dr. Guillermo Robertson Andrade

Dedicatoria

La Gran Pregunta: ¿Pagar o no Pagar?

Manual de interpretación en materia de I.V.A. para Personas Morales Prestadoras de Servicios Empresariales.

Dr. Guillermo Robertson Andrade

La Gran Pregunta: ¿Pagar o no Pagar?

Manual de interpretación en materia de I.V.A. para Personas Morales Prestadoras de Servicios Empresariales.

Dr. Guillermo Robertson Andrade

Dedicatoria

El presente trazado de arquitectura se la dedico en especial al Gran Arquitecto de los Universos; a mis tres amados hijos, a mi gran amor y compañera en este transcurrir de la vida, Lupita Saracho, a mis padres que me han forjado en un hombre de lucha constante, de aprendizaje y sobre todo siempre luchar hasta el final, a mis hermanos María del Carmen, Martha Roselia y Luis Antonio; a mi Logia Madre Adoptiva Hefesto Uno N° 2, y por supuesto a ti, contribuyente, pues es para ti, una herramienta en el devenir de tu vida empresarial.

La Gran Pregunta: ¿Pagar o no Pagar?

Manual de interpretación en materia de I.V.A. para Personas Morales Prestadoras de Servicios Empresariales.

Dr. Guillermo Robertson Andrade

La Gran Pregunta: ¿Pagar o no Pagar?

Manual de interpretación en materia de I.V.A. para Personas Morales Prestadoras de Servicios Empresariales.

Dr. Guillermo Robertson Andrade

La Gran Pregunta: ¿Pagar o no Pagar?

Manual de interpretación en materia de I.V.A. para Personas Morales Prestadoras de Servicios Empresariales.

Dr. Guillermo Robertson Andrade

La Gran Pregunta: ¿Pagar o no Pagar?

Manual de interpretación en materia de I.V.A. para Personas Morales Prestadoras de Servicios Empresariales.

Dr. Guillermo Robertson Andrade

Introducción

En este ensayo jurídico analizaré detenidamente la siguiente pregunta: ¿Deben las Personas Morales, Prestadoras de Servicios Empresariales, pagar el Impuesto al Valor Agregado?

Para poder dar respuesta a la interrogante antes planteada, a lo largo del presente abordaré los siguientes temas y subtemas:

En el primer capítulo exteriorizaré los principios constitucionales aplicables; apartado donde estaré aclarando en qué consisten los principios de supremacía y de legalidad.

La Gran Pregunta: ¿Pagar o no Pagar?

Manual de interpretación en materia de I.V.A. para Personas Morales Prestadoras de Servicios Empresariales.

Dr. Guillermo Robertson Andrade

Asimismo, en el capítulo dos, expondré lo que es el apasionante y controvertido tema del *principio de simetría fiscal.*

Posteriormente estableceré las bases y definiré lo que son el hecho generador y el hecho imponible; donde también analizaré los elementos que les integran como son: el objetivo, el subjetivo, el especial y el temporal; sin olvidar el importante tópico de las diferencias de la hipótesis de incidencia tributaria, amén de dejar establecidas las razones por las cuales es importante el hecho generador.

En el capítulo cuarto estableceré cuales son las disposiciones legales aplicables; en este inciso revisaremos los textos íntegros de la Constitución Política de los Estados Unidos Mexicanos, las leyes, códigos y reglamentos que de ella emanan en materia fiscal así como los tratados internacionales a los cuales

La Gran Pregunta: ¿Pagar o no Pagar?

Manual de interpretación en materia de I.V.A. para Personas Morales Prestadoras de Servicios Empresariales.

Dr. Guillermo Robertson Andrade

pertenece México, para establecer los criterios jurídicos correspondientes, no sin antes, también, sustentar con jurisprudencias, criterios y tesis aisladas de la Suprema Corte de Justicia de la Nación en la materia que nos ocupa.

En el quinto capítulo haré una breve reseña sobre los diversos métodos de interpretación válidos para así, en el sexto, lograr establecer cuál es el método de interpretación adecuado y correcto con el que debemos hacer una *exégesis* de los textos legales que rigen la vida fiscal de las personas morales prestadoras de servicios empresariales.

De esa forma, en el séptimo capítulo y como un breviario cultural que permitirá incrementar el acervo contable de los lectores, ofreceré un resumen de contabilidad para efectos fiscales en el cual revelaré los siguientes subtemas:

La Gran Pregunta: ¿Pagar o no Pagar?

Manual de interpretación en materia de I.V.A. para Personas Morales Prestadoras de Servicios Empresariales.

Dr. Guillermo Robertson Andrade

1) Clasificación de cuentas de orden.

2) Cuentas de orden más comunes como son:

    I) Depósito en prenda.
    II) Mercancías en comisión.
    III) Documentos descontados y endosados.
    IV) Avales otorgados.
    V) Juicios pendientes.
    VI) Seguros contratados.
    VII) Activo depreciable.

3) Presentación de las cuentas de orden.

Todo lo anterior con el fin de llegar a conclusiones ciertas, válidas y verdaderas que ayuden a los profesionales y no profesionales del derecho a establecer un criterio jurídico que facilite sus labores empresariales.

La Gran Pregunta: ¿Pagar o no Pagar?

Manual de interpretación en materia de I.V.A. para Personas Morales Prestadoras de Servicios Empresariales.

Dr. Guillermo Robertson Andrade

Capítulo I

La Gran Pregunta: ¿Pagar o no Pagar?

Manual de interpretación en materia de I.V.A. para Personas Morales Prestadoras de Servicios Empresariales.

Dr. Guillermo Robertson Andrade

La Gran Pregunta: ¿Pagar o no Pagar?

Manual de interpretación en materia de I.V.A. para Personas Morales Prestadoras de Servicios Empresariales.

Dr. Guillermo Robertson Andrade

Capítulo I

Principios Constitucionales Aplicables

Es de hacer notar que los principios generales de derechos, o pandectas, son igualmente reconocidos por nuestra ley suprema, la Constitución Política de los Estados Unidos Mexicanos, en el último párrafo del artículo 14, el cual establece lo siguiente:

La Gran Pregunta: ¿Pagar o no Pagar?

Manual de interpretación en materia de I.V.A. para Personas Morales Prestadoras de Servicios Empresariales.

Dr. Guillermo Robertson Andrade

Artículo 14. A ninguna ley se dará efecto retroactivo en perjuicio de persona alguna.

Nadie podrá ser privado de la libertad o de sus propiedades, posesiones o derechos, sino mediante juicio seguido ante los tribunales previamente establecidos, en el que se cumplan las formalidades esenciales del procedimiento y conforme a las leyes expedidas con anterioridad al hecho.

Párrafo reformado D.O.F. 09-12-2005

Como lo podremos observar más adelante, en este mismo artículo, la Constitución establece que, en los juicios del orden criminal queda prohibido imputar, por simple similitud, y aún por mayoría de razón, condena, sentencia o pena alguna que no esté decretada por una ley competente o "exactamente aplicable al delito de que se trata".

De igual forma, este articular especifica que, en los juicios del orden civil, la sentencia definitiva deberá ser conforme a la letra o a la interpretación jurídica de

La Gran Pregunta: ¿Pagar o no Pagar?

Manual de interpretación en materia de I.V.A. para Personas Morales Prestadoras de Servicios Empresariales.

Dr. Guillermo Robertson Andrade

la ley, y a falta de ésta se fundará en los principios generales del Derecho.

Por lo tanto hemos de reconocer para nuestro estudio los siguientes principios constitucionales, mismos que a partir del día 11 de junio de 2011, se vuelven derechos humanos, por lo tanto ellos están, por una parte reconocidos por los tratados internacionales como por nuestra ley suprema (La Constitución Política de los Estados Unidos Mexicanos o C.P.E.U.M. por sus siglas en español) mismos que, al caso en concreto tenemos los que explicaré en las páginas siguientes:

Principio de Supremacía

Mismo que lo encontramos en los artículos 1, primer, segundo y tercer párrafos y 133 de nuestra

La Gran Pregunta: ¿Pagar o no Pagar?

Manual de interpretación en materia de I.V.A. para Personas Morales Prestadoras de Servicios Empresariales.

Dr. Guillermo Robertson Andrade

Carta Magna, he de aclarar que dicho principio de supremacía y de conformidad a las diversas interpretaciones efectuadas por la Suprema Corte de Justicia de la Nación, el máximo tribunal de la República Mexicana aclara que, de conformidad con el segundo párrafo del artículo 1 de nuestra Constitución, bien podemos encontrar dicho principio desde un tratado internacional como así mismo en un reglamento del más modesto municipio de nuestro país.

Con lo anterior deseo especificar que, este principio subordina a cualquier disposición legal, siempre y cuando dicha disposición otorgue mayor beneficio a las personas; ya que el segundo párrafo en comento textualmente establece lo siguiente:

La Gran Pregunta: ¿Pagar o no Pagar?

Manual de interpretación en materia de I.V.A. para Personas Morales Prestadoras de Servicios Empresariales.

Dr. Guillermo Robertson Andrade

> **Artículo 1o.** ...
>
> Las normas relativas a los derechos humanos se interpretarán de conformidad con esta Constitución y con los tratados internacionales de la materia favoreciendo en todo tiempo a las personas la protección más amplia.
>
> *Párrafo adicionado D.O.F. 10-06-2011*

Las normas relativas a los derechos humanos se interpretarán de conformidad con esta Constitución y con los tratados internacionales de la materia favoreciendo en todo tiempo a las personas la protección más amplia.

Principio de Legalidad

Este principio lo localizaremos por lo general dentro de los artículos 14, 16, 31 fracción IV y 133 de nuestra Constitución Política, ya que en lo concerniente cada uno de ellos ordena:

La Gran Pregunta: ¿Pagar o no Pagar?

Manual de interpretación en materia de I.V.A. para Personas Morales Prestadoras de Servicios Empresariales.

Dr. Guillermo Robertson Andrade

Artículo 14. A ninguna ley se dará efecto retroactivo en perjuicio de persona alguna.

Nadie podrá ser privado de la libertad o de sus propiedades, posesiones o derechos, sino mediante juicio seguido ante los tribunales previamente establecidos, en el que se cumplan las formalidades esenciales del procedimiento y conforme a las leyes expedidas con anterioridad al hecho.

Párrafo reformado D.O.F. 09-12-2005

En los juicios del orden criminal queda prohibido imponer, por simple analogía, y aún por mayoría de razón, pena alguna que no esté decretada por una ley exactamente aplicable al delito de que se trata.

En los juicios del orden civil, la sentencia definitiva deberá ser conforme a la letra o a la interpretación jurídica de la ley, y a falta de ésta se fundará en los principios generales del Derecho.

Artículo 16. Nadie puede ser molestado en su persona, familia, domicilio, papeles o posesiones, sino en virtud de mandamiento escrito de la autoridad competente, que funde y motive la causa legal del procedimiento.

Artículo 31. Son obligaciones de los mexicanos:

IV. Contribuir para los gastos públicos, así de la Federación, como del Distrito Federal o del Estado y Municipio en que residan, de la manera proporcional y equitativa que dispongan las leyes.

Fracción reformada D.O.F. 25-10-1993.

La Gran Pregunta: ¿Pagar o no Pagar?

Manual de interpretación en materia de I.V.A. para Personas Morales Prestadoras de Servicios Empresariales.

Dr. Guillermo Robertson Andrade

> **Artículo 133.** Esta Constitución, las leyes del Congreso de la Unión que emanen de ella y todos los tratados que estén de acuerdo con la misma, celebrados y que se celebren por el Presidente de la República, con aprobación del Senado, serán la ley suprema de toda la Unión. Los jueces de cada estado se arreglarán a dicha constitución, leyes y tratados, a pesar de las disposiciones en contrario que pueda haber en las constituciones o leyes de los estados.

De igual forma, la Convención Americana de Derechos Humanos (C.A.D.H.) obliga a todas las autoridades a respetar el derecho humano a la legalidad; ello dentro de su artículo 9 y así mismo el Convenio Europeo de Derechos Humanos lo efectúa dentro de su artículo 6.

Ahora bien, surge una pregunta importante: En realidad ¿qué es lo que este derecho humano nos otorga?

La respuesta es muy fácil de discernir: éste derecho humano nos garantiza que se contribuirá al gasto público de conformidad con las leyes. Es decir, el

La Gran Pregunta: ¿Pagar o no Pagar?

Manual de interpretación en materia de I.V.A. para Personas Morales Prestadoras de Servicios Empresariales.

Dr. Guillermo Robertson Andrade

constituyente no solamente observará dicho acto de solidaridad, basado en las leyes fiscales, sino que lo hará fundado en todas las leyes del país.

Por lo tanto, como lo pudimos observar en el artículo 133 constitucional, las leyes de la República Mexicana son:

La Constitución Política de los Estados Unidos Mexicanos; leyes, códigos y reglamentos que de ella emanan y los tratados internacionales de los que México forma parte.

Es importante establecer y destacar lo siguiente: que dichos tratados internacionales hayan sido suscritos por el titular del Ejecutivo Federal y a su vez, ratificados por el Senado de la República, significa que México los reconoce como válidos en su territorio.

La Gran Pregunta: ¿Pagar o no Pagar?

Manual de interpretación en materia de I.V.A. para Personas Morales Prestadoras de Servicios Empresariales.

Dr. Guillermo Robertson Andrade

Por otra parte, los artículos 14 y 16 de la Carta Magna indican: para que el gobernado sea privado de derechos y molestado en su persona, familia, bienes, documentos y/o posesiones; las autoridades competentes de cualquier índole, deberán apegarse a las leyes expedidas con anterioridad al hecho, mediante mandato escrito que funde y motive la causa legal, tanto del procedimiento como de su propia competencia.

Dicho principio lo podemos interpretar de la siguiente manera:

"Las autoridades solo pueden hacer lo que la ley les permite y los gobernados podemos hacer lo que las ley nos permite, lo que la ley no nos niega y donde la ley es omisa igualmente lo podemos hacer, precisamente porque no lo niega."

La Gran Pregunta: ¿Pagar o no Pagar?

Manual de interpretación en materia de I.V.A. para Personas Morales Prestadoras de Servicios Empresariales.

Dr. Guillermo Robertson Andrade

Está por demás afirmar que este principio es fundamental en materia tributaria.

Por otra parte, dicho principio quedó reconocido como derecho humano por la Suprema Corte de Justicia de la Nación, bajo la tesis aislada emitida por la Segunda Sala del máximo tribunal en la República Mexicana; tesis que me permito transcribir en la páginas siguientes.

La Gran Pregunta: ¿Pagar o no Pagar?

Manual de interpretación en materia de I.V.A. para Personas Morales Prestadoras de Servicios Empresariales.

Dr. Guillermo Robertson Andrade

Época: Décima Época.
Registro: 2000534.
Instancia: Segunda Sala.
Tipo de tesis: Aislada.
Fuente: Semanario Judicial de la Federación y su Gaceta.
Libro VII, abril de 2012, Tomo 2.
Materia(s): Constitucional. Tesis: 2a. XIX/2012 (10a.)
Página: 1269.

CONTROL DEL TABACO.
EL HECHO DE QUE LA LEY GENERAL RELATIVA SE HAYA EMITIDO SIN DAR INTERVENCIÓN AL CONSEJO DE SALUBRIDAD GENERAL EN EL PROCESO LEGISLATIVO CORRESPONDIENTE, NO CONSTITUYE UNA VIOLACIÓN A LOS DERECHOS HUMANOS DE LEGALIDAD Y SEGURIDAD JURÍDICA.

El hecho de que el Congreso de la Unión, en ejercicio de su facultad para dictar leyes en materia de salubridad general, haya emitido la Ley General para el Control del Tabaco, sin haber dado intervención en el proceso legislativo respectivo al Consejo de Salubridad General, no constituye una violación a los derechos humanos de legalidad y seguridad jurídica contenidos en los artículos 14 y 16 de la Constitución Política de los Estados Unidos Mexicanos, toda vez que de los preceptos 73, Fracción XVI, Constitucional; 4o. y 15 a 17 de la Ley General de Salud, no se advierte que dicho consejo tenga facultades legislativas, sino sólo atribuciones para analizar las disposiciones legales en materia de salud y formular, respecto de éstas, propuestas de reformas o adiciones.

La Gran Pregunta: ¿Pagar o no Pagar?

Manual de interpretación en materia de I.V.A. para Personas Morales Prestadoras de Servicios Empresariales.

Dr. Guillermo Robertson Andrade

Amparo en revisión 583/2009. Rodolfo Valentín Peralta Ares. 15 de febrero de 2012. Cinco votos; votó con salvedad Margarita Beatriz Luna Ramos. Ponente: Sergio A. Valls Hernández. Secretario: José Álvaro Vargas Ornelas.

Como podemos observar, la Segunda Sala de la Suprema Corte de Justicia de la Nación, reconoce a este principio como un verdadero derecho humano, el *derecho humano a la legalidad*.

Por lo tanto, para poder comprender las leyes fiscales debemos de atender en primer término a estos dos derechos humanos, tan importantes en nuestro devenir tributario.

La Gran Pregunta: ¿Pagar o no Pagar?

Manual de interpretación en materia de I.V.A. para Personas Morales Prestadoras de Servicios Empresariales.

Dr. Guillermo Robertson Andrade

Capítulo II

La Gran Pregunta: ¿Pagar o no Pagar?

Manual de interpretación en materia de I.V.A. para Personas Morales Prestadoras de Servicios Empresariales.

Dr. Guillermo Robertson Andrade

La Gran Pregunta: ¿Pagar o no Pagar?

Manual de interpretación en materia de I.V.A. para Personas Morales Prestadoras de Servicios Empresariales.

Dr. Guillermo Robertson Andrade

Capítulo II

Principio de Simetría Fiscal

En cuanto al tema de *simetría fiscal,* debo destacar que es un principio de naturaleza contable, el cual se traduce en el *equilibrio que debe existir entre los ingresos y los gastos.* Este principio se basa en el hecho de que, quien realice una erogación, tendrá la posibilidad de deducirla y/o amortizarla, en virtud de que la contraparte (perceptora de la erogación) la reconocerá como un

La Gran Pregunta: ¿Pagar o no Pagar?

Manual de interpretación en materia de I.V.A. para Personas Morales Prestadoras de Servicios Empresariales.

Dr. Guillermo Robertson Andrade

ingreso, y la considerará dentro de la base sobre la cual calculará sus impuestos.

Así las cosas, acorde con este principio, en materia tributaria lo que para un contribuyente es un ingreso acumulable, para el otro sujeto pasivo se debe considerar como una deducción.

Al precisar que la "simetría fiscal" constituye un principio de índole contable, se hace evidente que no existe fundamento o sustento legal alguno que lo defina o contemple, y mucho menos está considerado o previsto en el artículo 31, fracción IV de la Constitución Política de los Estados Unidos Mexicanos (C.P.E.U.M), pues únicamente los principios de obligatoriedad, proporcionalidad, equidad, legalidad, destino del gasto público, así como de solidaridad se encuentran consagrados en el referido precepto de nuestra Carta Magna.

La Gran Pregunta: ¿Pagar o no Pagar?

Manual de interpretación en materia de I.V.A. para Personas Morales Prestadoras de Servicios Empresariales.

Dr. Guillermo Robertson Andrade

Quienes ejercen la profesión de Contador Público, lidian de manera cotidiana con este principio, pues a todo cargo corresponde un abono. Esto es así, pues el proceso contable implica el registro de las partidas de una entidad.

La partida doble consiste en la realización de un registro a través de cargos y abonos, en los cuales se reflejan los efectos que producen las operaciones dentro de los diferentes elementos que constituyen el estado de posición financiera (balance general), con la finalidad de que siempre prevalezca una igualdad entre el activo y la suma del pasivo más el capital de la entidad.

En ese sentido y por supuesto, a diferencia de los Abogados, los Contadores Públicos, entre los cuales también puedo contarme, estamos sumamente familiarizados con el principio de "simetría fiscal",

La Gran Pregunta: ¿Pagar o no Pagar?

Manual de interpretación en materia de I.V.A. para Personas Morales Prestadoras de Servicios Empresariales.

Dr. Guillermo Robertson Andrade

pues es utilizado de manera habitual dentro del ejercicio de la profesión.

Sin embargo, fue a partir del 1 de enero de 2008, fecha en que entró en vigor la Ley del Impuesto Empresarial a Tasa Única (L.I.E.T.U.) -ley vigente hasta el 31 de diciembre de 2014- cuando comenzó a revestir especial importancia, en el ámbito jurídico, el principio conocido como simetría fiscal.

Cabe mencionar que ese principio impactó el ánimo de los abogados dedicados a la materia tributaria, en virtud de que, por primera vez, una ley incorporaba de manera formal y global el citado principio como un requisito para la procedencia de las deducciones. En efecto, el artículo 6, fracción I de la L.I.E.T.U. establecía textualmente lo siguiente:

La Gran Pregunta: ¿Pagar o no Pagar?

Manual de interpretación en materia de I.V.A. para Personas Morales Prestadoras de Servicios Empresariales.

Dr. Guillermo Robertson Andrade

Artículo 6: Las deducciones autorizadas en esta ley, deberán reunir los siguientes requisitos:

I. Que las erogaciones correspondan a la adquisición de bienes, servicios independientes o a la obtención del uso o goce temporal de bienes por las que el enajenante, el prestador del servicio independiente o el otorgante del uso o goce temporal, según corresponda, deba pagar el impuesto empresarial a tasa única, así como cuando las erogaciones mencionadas se realicen por las personas a que se refieren las fracciones I, II, III, IV o VII del artículo 4 de esta ley. Cuando las erogaciones se realicen en el extranjero o se paguen a residentes en el extranjero sin establecimiento permanente en el país, las mismas deberán corresponder a erogaciones que de haberse realizado en el país serían deducibles en los términos de esta ley.

En pocas palabras, del artículo transcrito se desprendía: para que un contribuyente pudiera deducir una erogación que realizó por resultarle estrictamente indispensable y necesaria para la realización de actividades gravadas por la L.I.E.T.U., es "conditio sine qua non", además, el receptor del pago tenía la obligación de considerarlo como ingreso gravable para

La Gran Pregunta: ¿Pagar o no Pagar?

Manual de interpretación en materia de I.V.A. para Personas Morales Prestadoras de Servicios Empresariales.

Dr. Guillermo Robertson Andrade

efectos del Impuesto Empresarial a Tasa Única (I.E.T.U.).

Ahora, si bien es cierto que ese gravamen es la primer contribución que incorporó el principio de simetría fiscal como un requisito general para la procedencia en la deducción de las erogaciones, también es cierto que otros tributos, como el Impuesto Sobre la Renta (I.S.R.) tienen disposiciones que exigen una "simetría fiscal parcial", pero que no fueron valoradas por los abogados fiscalistas, pues en ese entonces la simetría fiscal no constituyó un principio que debiera ser tomado en cuenta para la valoración constitucional de un determinado impuesto. Algunos ejemplos de esta "simetría fiscal parcial" podemos encontrarlos en el artículo 27, fracciones VIII y XVI de la Ley del Impuesto Sobre la Renta (L.I.S.R.), cuyo texto es del tenor siguiente:

La Gran Pregunta: ¿Pagar o no Pagar?

Manual de interpretación en materia de I.V.A. para Personas Morales Prestadoras de Servicios Empresariales.

Dr. Guillermo Robertson Andrade

ARTÍCULO 27. Las deducciones autorizadas en este título, deberán reunir los siguientes requisitos:

...

VIII. Que tratándose de pagos que a su vez sean ingresos de contribuyentes personas físicas, de los contribuyentes a que se refieren los artículos 72 y 73 de esta ley, así como de aquéllos realizados a los contribuyentes a que hace referencia el último párrafo de la fracción I del artículo 17 de esta ley y de los donativos, éstos sólo se deduzcan cuando hayan sido efectivamente erogados en el ejercicio de que se trate, se entenderán como efectivamente erogados cuando hayan sido pagados en efectivo, mediante transferencias electrónicas de fondos desde cuentas abiertas a nombre del contribuyente en instituciones que componen el sistema financiero y las entidades que para tal efecto autorice el Banco de México; o en otros bienes que no sean títulos de crédito.

Tratándose de pagos con cheque, se considerará efectivamente erogado en la fecha en la que el mismo haya sido cobrado o cuando los contribuyentes transmitan los cheques a un tercero, excepto cuando dicha transmisión sea en procuración. También se entiende que es efectivamente erogado cuando el interés del acreedor queda satisfecho mediante cualquier forma de extinción de las obligaciones.

Cuando los pagos a que se refiere el párrafo anterior se efectúen con cheque, la deducción se efectuará en el ejercicio en que éste se cobre, siempre que entre la fecha consignada en el comprobante fiscal que se haya expedido y la fecha en que

La Gran Pregunta: ¿Pagar o no Pagar?

Manual de interpretación en materia de I.V.A. para Personas Morales Prestadoras de Servicios Empresariales.

Dr. Guillermo Robertson Andrade

efectivamente se cobre dicho cheque no hayan transcurrido más de cuatro meses, excepto cuando ambas fechas correspondan al mismo ejercicio.

XVI. Que tratándose de remuneraciones a empleados o a terceros, que estén condicionadas al cobro de los abonos en las enajenaciones a plazos o en los contratos de arrendamiento financiero en los que hayan intervenido, éstos se deduzcan en el ejercicio en el que dichos abonos o ingresos se cobren, siempre que se satisfagan los demás requisitos de esta ley.

De esta manera, es claro que las fracciones transcritas contemplan una "simetría fiscal parcial", toda vez que:

1. Para que una persona moral pueda deducir pagos, los cuales a su vez representen ingresos de personas físicas, es necesario que efectivamente los erogue en el ejercicio de que se trate.

2. Para que una persona moral pueda deducir las erogaciones que, a su vez, representen ingresos para las personas morales pertenecientes al régimen

La Gran Pregunta: ¿Pagar o no Pagar?

Manual de interpretación en materia de I.V.A. para Personas Morales Prestadoras de Servicios Empresariales.

Dr. Guillermo Robertson Andrade

simplificado, también es necesario que la persona moral referida efectivamente las erogue en el ejercicio de que se trate.

3. Para que una persona moral pueda deducir los pagos efectuados a sociedades o asociaciones civiles que presten servicios personales independientes, también es menester que esos pagos sean efectivamente erogados en el ejercicio de que se trate.

Así, en casos como los ilustrados anteriormente, la simetría fiscal opera de manera tácita pero diáfana, pues para que una persona moral pueda proceder a la deducción de sus erogaciones, está sujeta a la condición de que los pagos sean efectivamente erogados y, por tanto, constituyan ingresos acumulables realmente percibidos por el tercero.

La Gran Pregunta: ¿Pagar o no Pagar?

Manual de interpretación en materia de I.V.A. para Personas Morales Prestadoras de Servicios Empresariales.

Dr. Guillermo Robertson Andrade

No obstante, es pertinente insistir que el principio de simetría fiscal no operaba de manera plena o total en el I.S.R.

Para muestra, basta tener en cuenta el caso de los donativos erogados en favor de personas del título III "del régimen de las personas morales con fines no lucrativos" de la L.I.S.R., los cuales podrían ser deducidos por el donante persona física o moral, no siendo óbice el hecho de que las donatarias autorizadas no tuviesen la obligación de pagar el impuesto por la percepción de tales ingresos o bien, el relativo a la depreciación de automóviles, caso en el cual, el vendedor está obligado a acumular la totalidad del precio pactado, aun cuando el comprador sólo pueda depreciar $130,000.00 ello de conformidad con la fracción II del artículo 36 de la Ley del Impuesto Sobre la Renta.

La Gran Pregunta: ¿Pagar o no Pagar?

Manual de interpretación en materia de I.V.A. para Personas Morales Prestadoras de Servicios Empresariales.

Dr. Guillermo Robertson Andrade

Tal como se menciona al inicio de este trazado, fue hasta el momento en que entró en vigor la L.I.E.T.U. cuando los abogados fiscalistas comenzaron a preguntarse, si el principio de simetría fiscal tendría alguna repercusión al momento de la valoración constitucional del tributo en cuestión. Esta incertidumbre tuvo su origen no sólo en la redacción del artículo 6, fracción I de la L.I.E.T.U. mismo que, se insiste, condicionó la procedencia de las deducciones al hecho de que las erogaciones que se pretendían deducir representaran ingresos gravables para quien las percibía–, sino también, de manera particular, en el tratamiento que la propia L.I.E.T.U. otorgaba a las regalías pagadas por el otorgamiento del uso o goce temporal de intangibles entre partes relacionadas.

Así, como el perceptor no estaba obligado a considerar como ingreso gravable las regalías obtenidas

La Gran Pregunta: ¿Pagar o no Pagar?

Manual de interpretación en materia de I.V.A. para Personas Morales Prestadoras de Servicios Empresariales.

Dr. Guillermo Robertson Andrade

por el otorgamiento del uso o goce temporal de intangibles, la parte relacionada que las erogó no podía deducir las cantidades erogadas, independientemente de que el pago de regalías haya resultado indispensable para la realización de actividades gravadas por la L.I.E.T.U, y que su monto se haya pactado a valores de mercado.

A raíz de lo anterior, surge una profunda y legítima inquietud referente a, si es o no válido condicionar la procedencia de una deducción a requisitos, circunstancias y características que, al final de cuenta, son totalmente ajenas al contribuyente que pretende efectuar la deducción.

Lo anterior, en otras palabras, se puede traducir en las siguientes preguntas:

La Gran Pregunta: ¿Pagar o no Pagar?

Manual de interpretación en materia de I.V.A. para Personas Morales Prestadoras de Servicios Empresariales.

Dr. Guillermo Robertson Andrade

¿Es constitucionalmente válido condicionar la deducción de una erogación al hecho de que esa erogación implique, para el perceptor, un ingreso gravable?

¿Es constitucionalmente válido condicionar la procedencia de la deducción de una regalía al hecho de que el perceptor no sea su parte relacionada?

De alguna manera, el pleno de la Suprema Corte de Justicia de la Nación (S.C.J.N.) concluyó en el siguiente criterio jurisprudencial:

Época: Novena Época.
Registro: 200332.
Instancia: Pleno.
Tipo de tesis: Aislada.
Fuente: Semanario Judicial de la Federación y su Gaceta.
Tomo II, agosto de 1995.
Materia(s): Constitucional, Administrativa.
Tesis: p. XLV/95
Página: 63.

La Gran Pregunta: ¿Pagar o no Pagar?

Manual de interpretación en materia de I.V.A. para Personas Morales Prestadoras de Servicios Empresariales.

Dr. Guillermo Robertson Andrade

Activo. El artículo 5o. de la ley del impuesto relativo viola el principio de equidad tributaria.

El artículo 5o. de la ley del impuesto al activo viola el principio de equidad tributaria establecido en el artículo 31, fracción IV, constitucional al exceptuar de la autorización de deducir las deudas contratadas con empresas residentes en el país o con establecimientos permanentes ubicados en México de residentes en el extranjero, a aquellas que hubieren sido contratadas con el sistema financiero o con su intermediación, pues estas deudas también afectan la base del tributo, ocasionándose con esto un trato desigual a iguales al permitirse a unos contribuyentes las deducciones de sus deudas y a otros no por situaciones ajenas a ellos y propias de los acreedores y sin que pueda considerarse que tal distinción de deudas se justifica por el hecho de que, de permitirse su deducción, no se pagaría el impuesto por ese concepto, ya que dicho adeudo no es el objeto del impuesto y si bien como activo del acreedor constituiría parte de la base para determinar su ganancia mínima presunta objeto del gravamen, no puede considerarse que por el hecho de que el artículo 6o. de la ley exente del pago del impuesto a las empresas que componen el sistema financiero, deba ser el deudor quien cubra el impuesto por la ganancia que tal activo le generó a su acreedor, pues ello significaría hacer recaer el pago del tributo en los contribuyentes por una ganancia ajena que en ellos implica un pasivo, lo que lejos de justificar la excepción de deducción de tal tipo de deudas, corrobora su inconstitucionalidad.

Amparo en revisión 107/92. Consultores en Servicios Jurídicos Fiscales, S.A. de C.V. 6 de abril de 1995. Mayoría de seis votos. Ponente: Juan Díaz Romero, encargado del engrose Ministro

La Gran Pregunta: ¿Pagar o no Pagar?

Manual de interpretación en materia de I.V.A. para Personas Morales Prestadoras de Servicios Empresariales.

Dr. Guillermo Robertson Andrade

Mariano Azuela Güitrón. Secretaria: Ma. Estela Ferrer Mac Gregor Poisot.

El tribunal pleno en su sesión privada celebrada el dieciséis de agosto en curso, por unanimidad de diez votos de los señores Ministros Presidente José Vicente Aguinaco Alemán, Sergio Salvador Aguirre Anguiano, Mariano Azuela Güitrón, Juan Díaz Romero, Genaro David Góngora Pimentel, José de Jesús Gudiño Pelayo, Guillermo I. Ortiz Mayagoitia, Humberto Román Palacios, Olga María Sánchez Cordero y Juan N. Silva Meza; aprobó, con el número XLV/95 (9a.) la tesis que antecede; y determinó que la votación no es idónea para integrar tesis de jurisprudencia. México, Distrito Federal, a dieciséis de agosto de mil novecientos noventa y cinco.

Que la prohibición de la deducción de un pasivo por circunstancias propias del acreedor y ajenas al contribuyente, transgredía principios constitucionales.

Sin embargo, la preocupación sobre el estudio y la valoración del principio de simetría fiscal se incrementó durante el periodo en el que se verificaron las sesiones en las cuales la SCJN discutió la constitucionalidad de la L.I.E.T.U., pues parecía ser que ese principio se elevaba a rango constitucional.

La Gran Pregunta: ¿Pagar o no Pagar?

Manual de interpretación en materia de I.V.A. para Personas Morales Prestadoras de Servicios Empresariales.

Dr. Guillermo Robertson Andrade

Afortunadamente, entre los diversos criterios que nuestro máximo tribunal emitió como consecuencia de la valoración constitucional del I.E.T.U., dictó una tesis aislada, en relación con el principio de simetría fiscal, misma tesis aislada que se transcribe en las páginas subsiguientes, la cual arrojará suficiente luz para establecer criterios suficientes.

Época: Novena Época.
Registro: 162984.
Instancia: Pleno.
Tipo de tesis: Aislada.
Fuente: Semanario Judicial de la Federación y su Gaceta.
Tomo XXXIII, enero de 2011.
Materia(s): Constitucional.
Tesis: P. LXXVII/2010.
Página: 67.

SIMETRÍA FISCAL: No es una garantía constitucional y su ausencia no provoca necesaria y automáticamente una transgresión al artículo 31, fracción IV, de la Constitución Política de los Estados Unidos Mexicanos.
La simetría fiscal es un principio de política tributaria que establece un parámetro de vinculación entre los contribuyentes y de equilibrio entre ingresos y gastos, de manera que si a una persona física o moral le corresponde el reconocimiento de un

La Gran Pregunta: ¿Pagar o no Pagar?

Manual de interpretación en materia de I.V.A. para Personas Morales Prestadoras de Servicios Empresariales.

Dr. Guillermo Robertson Andrade

ingreso que será gravado, a su contraparte que realiza el pago -que genera ese ingreso-, debe corresponderle una deducción. Sin embargo, útil como es para conocer mejor la mecánica o el funcionamiento de algunos tributos y como parámetro de interpretación de la ley, la simetría fiscal no es una garantía constitucional, ni su ausencia tiene como consecuencia necesaria y automática la violación a alguno de los principios previstos en el artículo 31, fracción IV, de la Constitución Política de los Estados Unidos Mexicanos. Incluso, la asimetría fiscal no necesariamente aporta elementos para pronunciarse sobre la regularidad constitucional de una norma y, en caso de que provocara efectos coincidentes a los de una violación de garantías en materia tributaria, la inconstitucionalidad del precepto de que se trate derivará de esta última circunstancia y no de los juicios que puedan hacerse en torno a la asimetría, pues no debe pasar por alto que se trata de un mero enunciado de política fiscal.

Amparo en revisión 1134/2009. CSI leasing México, S. de R.L. de C.V. y otras. 27 de abril de 2010. Unanimidad de diez votos. Ausente: Margarita Beatriz Luna Ramos. Ponente: José Ramón Cossío Días. Secretarios: María Estela Ferrer Mac Gregor Poisot, Ricardo Manuel Martínez Estrada, Fanuel Martínez López, Jorge Luis Revilla de la Torre y Juan Carlos Roa Jacobo.
Amparo en revisión 1006/2009. Tyco Electronics Tecnologías, S.A. de C.V. 29 de abril de 2010. Unanimidad de nueve votos. Ausentes: Margarita Beatriz Luna Ramos y Guillermo I. Ortiz Mayagoitia. Ponente: Juan N. Silva Meza. Secretarios: María Estela Ferrer Mac Gregor Poisot, Ricardo Manuel Martínez Estrada, Fanuel Martínez López, Jorge Luis Revilla de la Torre y Juan Carlos Roa Jacobo.

La Gran Pregunta: ¿Pagar o no Pagar?
Manual de interpretación en materia de I.V.A. para Personas Morales Prestadoras de Servicios Empresariales.

Dr. Guillermo Robertson Andrade

Amparo en revisión 1346/2009. Aluprint, S.A. de C.V. 29 de abril de 2010. Unanimidad de nueve votos. Ausentes: Margarita Beatriz Luna Ramos y Guillermo I. Ortiz Mayagoitia. Ponente: Olga Sánchez Cordero de García Villegas. Secretarios: María Estela Ferrer Mac Gregor Poisot, Ricardo Manuel Martínez Estrada, Fanuel Martínez López, Jorge Luis Revilla de la Torre y Juan Carlos Roa Jacobo.

Amparo en revisión 441/2009. Grupo McGraw-Hill S.A. de C.V. y otra. 29 de abril de 2010. Unanimidad de nueve votos. Ausentes: Margarita Beatriz Luna Ramos y Guillermo I. Ortiz Mayagoitia. Ponente: Margarita Beatriz Luna Ramos; en su ausencia hizo suyo el asunto José Ramón Cossío Díaz. Secretarios: María Estela Ferrer Mac Gregor Poisot, Ricardo Manuel Martínez Estrada, Fanuel Martínez López, Jorge Luis Revilla de la Torre y Juan Carlos Roa Jacobo.

El tribunal pleno, el treinta de noviembre en curso, aprobó, con el número LXXVII/2010, la tesis aislada que antecede. México, Distrito Federal, a treinta de noviembre de dos mil diez.

Conclusiones

Cabe precisar que aunque el criterio transcrito no constituye jurisprudencia —en virtud de que no se reunieron los cinco precedentes en el mismo sentido, sin ninguno en contrario, requeridos para conformar una jurisprudencia por reiteración— lo cierto es que en

La Gran Pregunta: ¿Pagar o no Pagar?

Manual de interpretación en materia de I.V.A. para Personas Morales Prestadoras de Servicios Empresariales.

Dr. Guillermo Robertson Andrade

el ánimo de los ministros que integran el pleno de nuestro máximo tribunal están presentes las siguientes conclusiones:

La simetría fiscal no constituye una garantía constitucional consagrada en el artículo 31, fracción IV de nuestra Carta Magna, sino tan sólo un principio de política tributaria.

Su ausencia no necesariamente propicia una violación a las garantías tributarias consagradas en el artículo 31, fracción IV constitucional.

Las violaciones al artículo 31, fracción IV de la C.P.E.U.M., deben derivar de una contraposición de las normas fiscales a los principios de legalidad, proporcionalidad o equidad tributarias, mas no de que un tributo sea asimétrico o de los juicios que puedan girar en torno al principio de simetría fiscal.

La Gran Pregunta: ¿Pagar o no Pagar?

Manual de interpretación en materia de I.V.A. para Personas Morales Prestadoras de Servicios Empresariales.

Dr. Guillermo Robertson Andrade

Habiendo quedado dilucidado el criterio de nuestro máximo tribunal respecto a la simetría fiscal, el cual, en principio, debe ser observado para la valoración constitucional de los tributos, valdría la pena concluir el presente estudio formulándonos la siguiente interrogante:

¿Es justo y conveniente que el sistema impositivo mexicano elimine las asimetrías?

La respuesta de ninguna manera es sencilla, y hay suma divergencia entre las opiniones de los especialistas.

Por ejemplo, para el Presidente de Atención al Sector de Empresas Federadas del Instituto Mexicano de Contadores Públicos (I.M.C.P.), C.P. Ricardo Sánchez Ramírez, el padrón de contribuyentes debe incorporar a los sindicatos y a los partidos políticos. En

La Gran Pregunta: ¿Pagar o no Pagar?

Manual de interpretación en materia de I.V.A. para Personas Morales Prestadoras de Servicios Empresariales.

Dr. Guillermo Robertson Andrade

efecto, en una conferencia de prensa sobre la "reforma fiscal idónea", el especialista afirmó que "…todos los individuos deben contribuir en el nivel que les corresponda con sus obligaciones, incorporando al padrón de contribuyentes a todos aquellos entes generadores de operaciones económicas, como es el caso de los sindicatos y partidos políticos." Por su parte, para el presidente del I.M.C.P., C.P. Francisco Macías, se necesita crear un círculo virtuoso en el sistema fiscal, donde todos los mexicanos contribuyan, así como un sistema impositivo en el cual impere la simetría fiscal.

No obstante lo anterior, nuestro criterio versa en el sentido de que la asimetría fiscal no representa en sí misma una vulneración a los principios constitucionales en materia tributaria consagrados en el artículo 31,

La Gran Pregunta: ¿Pagar o no Pagar?

Manual de interpretación en materia de I.V.A. para Personas Morales Prestadoras de Servicios Empresariales.

Dr. Guillermo Robertson Andrade

fracción IV constitucional, tal como lo definió nuestro máximo tribunal.

Asimismo, estimamos que los rasgos asimétricos, en ciertas contribuciones, no necesariamente denotan un sistema impositivo poco conveniente, disfuncional o injusto.

Al respecto, conviene tener presente que la adopción global del principio de simetría fiscal propiciaría, por ejemplo, que pocas personas ayudaran a instituciones de beneficencia, las cuales hoy en día son indispensables en nuestra sociedad (debido a la imposibilidad de deducir donativos) o bien, que este tipo de instituciones contribuyera al gasto público, aun cuando no realizaran actividades que en realidad fueran susceptibles de ser gravadas.

La Gran Pregunta: ¿Pagar o no Pagar?
Manual de interpretación en materia de I.V.A. para Personas Morales Prestadoras de Servicios Empresariales.

Dr. Guillermo Robertson Andrade

Si bien el aumento en la base de contribuyentes es un factor que, sin duda alguna, conduce a un incremento en la recaudación, debemos tener presente que la adopción genérica de la simetría fiscal no detona, de manera automática, una mejora en la recaudación, pues ésta, va de la mano de otros factores, tales como los sistemas de control y auditoría por parte de nuestras autoridades fiscales. Finalmente, no está de más mencionar que, a nuestro juicio, la valoración constitucional del perjuicio que una norma tributaria puede depararle a un contribuyente, no puede depender de circunstancias o cuestiones que le resultan ajenas por ser propias de terceros, tal como en su momento la S.C.J.N. lo definió en el criterio de rubro: Activo. El artículo 5 de la ley del impuesto relativo, viola el principio de equidad tributaria, transcrito con antelación.

La Gran Pregunta: ¿Pagar o no Pagar?

Manual de interpretación en materia de I.V.A. para Personas Morales Prestadoras de Servicios Empresariales.

Dr. Guillermo Robertson Andrade

La Gran Pregunta: ¿Pagar o no Pagar?

Manual de interpretación en materia de I.V.A. para Personas Morales Prestadoras de Servicios Empresariales.

Dr. Guillermo Robertson Andrade

Capítulo III

La Gran Pregunta: ¿Pagar o no Pagar?

Manual de interpretación en materia de I.V.A. para Personas Morales Prestadoras de Servicios Empresariales.

Dr. Guillermo Robertson Andrade

La Gran Pregunta: ¿Pagar o no Pagar?

Manual de interpretación en materia de I.V.A. para Personas Morales Prestadoras de Servicios Empresariales.

Dr. Guillermo Robertson Andrade

Capítulo III

El Hecho Generador y el Imponible

El *hecho generador* se debe entender como aquel acto económico o negocio que resulta afecto al tributo y cuya realización u omisión va a generar el nacimiento de la obligación tributaria. Es decir, *es un hacer o un no hacer*.

El hecho generador da nacimiento a la obligación tributaria, pues la ley por sí sola no puede cumplir con este fin; esto, debido a que la norma no puede indicar

La Gran Pregunta: ¿Pagar o no Pagar?

Manual de interpretación en materia de I.V.A. para Personas Morales Prestadoras de Servicios Empresariales.

Dr. Guillermo Robertson Andrade

dentro de su ordenamiento a los deudores individuales del tributo, por tal razón es que se sostiene del *hecho imponible*, que al realizarse determina el sujeto pasivo y la prestación a que está obligado.

Se debe entender, además, que una obligación tributaria es el vínculo jurídico que nace de un hecho o acto al que la ley establece la obligación de la persona física o jurídica, de realizar el pago de una prestación pecuniaria.

Los elementos del hecho generador son el objetivo y el subjetivo, mismos que, a continuación, serán debidamente analizados:

La Gran Pregunta: ¿Pagar o no Pagar?

Manual de interpretación en materia de I.V.A. para Personas Morales Prestadoras de Servicios Empresariales.

Dr. Guillermo Robertson Andrade

Elemento Objetivo

Consiste en la descripción del hecho concreto en la norma tributaria que el contribuyente o sujeto pasivo de la obligación tributaria puede realizar materialmente.

Elemento Subjetivo

Referido a los sujetos que intervienen en la obligación tributaria una vez que se ha realizado el hecho generador. Al dar nacimiento a la obligación tributaria, el hecho imponible determina cuál va a ser el sujeto activo de dicha obligación y el sujeto pasivo de la misma. Este elemento, consiste en brindar definiciones de los sujetos pasivos y activos que están relacionados con las circunstancias objetivas descritas

La Gran Pregunta: ¿Pagar o no Pagar?
Manual de interpretación en materia de I.V.A. para Personas Morales Prestadoras de Servicios Empresariales.

Dr. Guillermo Robertson Andrade

en la ley, de tal forma que surja para unos la obligación, y para otros la pretensión del tributo.

- **Sujeto Activo:** es el ente público acreedor del tributo, a quien la ley le ha conferido dicha atribución.

- **Sujeto Pasivo:** es el obligado al cumplimiento de las prestaciones tributarias, ya sea en calidad de contribuyente o de responsable. Aquél obligado al pago de los tributos y al cumplimiento de los deberes formales.

Elemento Espacial

Constituye la hipótesis legal establecida en la norma tributaria que señala el lugar en el cual el destinatario de la norma realiza el hecho que está descrito en la misma. Este elemento nos permite

La Gran Pregunta: ¿Pagar o no Pagar?

Manual de interpretación en materia de I.V.A. para Personas Morales Prestadoras de Servicios Empresariales.

Dr. Guillermo Robertson Andrade

encontrar soluciones a los problemas de la doble tributación.

Elemento Temporal

Es el que nos permite determinar el momento en el que se realiza el hecho generador. Este elemento es muy importante, ya que en el momento en que se produzca el hecho generador, es que nace la obligación tributaria y por tanto se aplica la ley vigente a la fecha de su realización y en ese sentido, todo lo referente a las exenciones o exoneraciones serán las existentes en el momento de la realización del hecho generador.

La Gran Pregunta: ¿Pagar o no Pagar?
Manual de interpretación en materia de I.V.A. para Personas Morales Prestadoras de Servicios Empresariales.

Dr. Guillermo Robertson Andrade

Importancia del Hecho Generador

El hecho generador determina la verificación de la relación jurídica tributaria y el nacimiento de la obligación tributaria.

Algunas de las funciones más importantes del hecho generador son las que a continuación cito:

- Permite establecer quién es -o quiénes son en su caso- el sujeto pasivo principal de la obligación tributaria, independientemente de que luego puedan existir algunos sujetos de carácter solidario o el supuesto de los responsables a que hace mención el código tributario.

La Gran Pregunta: ¿Pagar o no Pagar?

Manual de interpretación en materia de I.V.A. para Personas Morales Prestadoras de Servicios Empresariales.

Dr. Guillermo Robertson Andrade

- Establece quién es el sujeto activo de la obligación tributaria, aunque sólo tenga atribuida una mera competencia tributaria.
- Define los conceptos de incidencia, no incidencia y exención.
- Ayuda para conocer el régimen jurídico aplicable a la obligación tributaria, es decir: permite establecer cuál es la materia imponible, la base gravable, la cuota o alícuota del tributo y todos los elementos cualitativos tanto en el plano objetivo como subjetivo.
- Determina los casos concretos de evasión tributaria en sentido estricto.
- Distingue las competencias tributarias para precisar el órgano que tiene atribuida la facultad para exigir el tributo.

La Gran Pregunta: ¿Pagar o no Pagar?

Manual de interpretación en materia de I.V.A. para Personas Morales Prestadoras de Servicios Empresariales.

Dr. Guillermo Robertson Andrade

Diferencias de la Hipótesis de Incidencia Tributaria

El hecho generador es, como se ha visto, aquel hecho concreto que es calificado por la ley como apto para determinar el nacimiento de la obligación tributaria.

Por otro lado, la hipótesis de incidencia es la descripción legal de un hecho, es la hipótesis de la ley tributaria. Tal es así que una hipótesis de incidencia puede cubrir millones de hechos imponibles.

En la hipótesis de incidencia se prevé que el sujeto pasivo será una persona que debe tener ciertas cualidades.

Por su parte el hecho generador se configura concretamente en un lugar y momento definidos y

La Gran Pregunta: ¿Pagar o no Pagar?
Manual de interpretación en materia de I.V.A. para Personas Morales Prestadoras de Servicios Empresariales.

Dr. Guillermo Robertson Andrade

determinados, fijando a una persona como sujeto pasivo, y le atribuye un débito explícito o definido en cuanto al monto.

Conclusión

El hecho generador es el acto económico o negocio que resulta afecto al tributo y cuya realización u omisión va a generar el nacimiento de la obligación tributaria. Los elementos del hecho generador son el elemento objetivo, elemento subjetivo (donde se encuentran los sujetos activos y pasivos), elemento espacial y elemento temporal.

El hecho generador es importante porque determina la verificación de la relación jurídico-tributaria y el nacimiento de la obligación tributaria, establece a los sujetos que participan de la misma, permite conocer la base gravable y todos los elementos

La Gran Pregunta: ¿Pagar o no Pagar?

Manual de interpretación en materia de I.V.A. para Personas Morales Prestadoras de Servicios Empresariales.

Dr. Guillermo Robertson Andrade

cualitativos, permite determinar los casos concretos de evasión tributaria y, finalmente, permite distinguir las competencias tributarias.

El hecho generador se diferencia de la hipótesis de incidencia, en razón de que el primero es el hecho que determina el nacimiento de una obligación tributaria, mientras que la segunda es la descripción legal de un hecho.

La Gran Pregunta: ¿Pagar o no Pagar?

Manual de interpretación en materia de I.V.A. para Personas Morales Prestadoras de Servicios Empresariales.

Dr. Guillermo Robertson Andrade

Capítulo IV

La Gran Pregunta: ¿Pagar o no Pagar?

Manual de interpretación en materia de I.V.A. para Personas Morales Prestadoras de Servicios Empresariales.

Dr. Guillermo Robertson Andrade

La Gran Pregunta: ¿Pagar o no Pagar?
Manual de interpretación en materia de I.V.A. para Personas Morales Prestadoras de Servicios Empresariales.
Dr. Guillermo Robertson Andrade

Capítulo IV

Disposiciones Legales Aplicables

En el tema que nos ocupa y de conformidad con la última parte del artículo 31 fracción IV de la Constitución Política de los Estados Unidos Mexicanos que textualmente ordena:

Artículo 31. Son obligaciones de los mexicanos:

IV. Contribuir para los gastos públicos, así como de la Federación, del Distrito Federal o del Estado y Municipio en que residan, de la manera proporcional y equitativa que dispongan las leyes.

Fracción reformada D.O.F. 25-10-1993

La Gran Pregunta: ¿Pagar o no Pagar?

Manual de interpretación en materia de I.V.A. para Personas Morales Prestadoras de Servicios Empresariales.

Dr. Guillermo Robertson Andrade

Es decir, que en materia tributaria no solamente es de aplicar las leyes fiscales como lo establece el primer párrafo del artículo 1 del Código Fiscal de la Federación, ello de la manera siguiente:

> **Artículo 1o.-** Las Personas Físicas y las Morales, están obligadas a contribuir para los gastos públicos conforme a las leyes fiscales respectivas. Las disposiciones de este código se aplicarán en su defecto y sin perjuicio de lo dispuesto por los tratados internacionales de los que México sea parte. Sólo mediante ley podrá destinarse una contribución a un gasto público específico.

Sino que tal cual lo establece la ley fundamental, es de acudir a todas y cada una de las leyes aplicables, como lo son para el caso en concreto las siguientes:

- Constitución Política de los Estados Unidos Mexicanos, en sus artículos 1, primer, segundo y tercer párrafos; 6, 8, 14, 16, 31, fracción IV así como el 133. [*1]

La Gran Pregunta: ¿Pagar o no Pagar?

Manual de interpretación en materia de I.V.A. para Personas Morales Prestadoras de Servicios Empresariales.

Dr. Guillermo Robertson Andrade

- Tratados Internacionales en materia de Derechos Humanos, como lo son la Convención Americana de Derechos Humanos en sus artículos 1.1, 8, 9 y 29.[*2]
- Código Civil Federal, en su artículo 25 nos indica quienes son las personas morales y dentro de ellas claro está que, se encuentran las empresas.
- Código Federal de Procedimientos Civiles, es de recordar que el segundo párrafo del artículo 5 del Código Fiscal de la Federación nos remite directamente al derecho federal común y dentro de dicho federal común se encuentra, claro está, dicho Código Federal de Procedimientos Civiles.
- Ley General de Sociedades Mercantiles, esta ley, es el origen, de nuestra empresa, así como cuando hablemos de personas morales, ello dentro de su artículo 1 de la ley en comento.

La Gran Pregunta: ¿Pagar o no Pagar?

Manual de interpretación en materia de I.V.A. para Personas Morales Prestadoras de Servicios Empresariales.

Dr. Guillermo Robertson Andrade

- Código de Comercio, dicho ordenamiento legal que establece cuando en realidad hablamos de actos de comercio, en lo específico en su artículo 75 y para nuestro estudio en su fracción V, que establece que se refutan actos de comercio a las empresas de suministro y abastecimiento.
- Ley del Impuesto al Valor Agregado, en sus articulares 1, fracción II y XIV de la misma ley, en donde nos indica que están obligados al pago las personas físicas y morales que efectúen los actos de prestación de servicios independientes, asimismo el artículo XIV de dicha codificación legal nos define, que se debe de entender por servicios independientes.
- Código Fiscal de la Federación, suple las deficiencias de las leyes fiscales, así mismo nos indica que debemos entender por diversos conceptos que las propias leyes fiscales no lo

La Gran Pregunta: ¿Pagar o no Pagar?

Manual de interpretación en materia de I.V.A. para Personas Morales Prestadoras de Servicios Empresariales.

Dr. Guillermo Robertson Andrade

hacen, por ello es de vital importancia conocer esta norma legal.

- Ley del Impuesto Sobre la Renta y su reglamento, es de hacer hincapié que dicha ley establece lo que debemos cumplir para hacer efectivos los conceptos que serán deducibles, igualmente su reglamento, el cual lo abordaremos en su capítulo correspondiente.

- Tal cual hemos podido observar, para la debida aplicación de la materia tributaria, que en realidad hemos de acudir a las diversas leyes que ostentamos y sobre todo aplicarlas de la mejor manera, es decir, de la manera más proteccionista, es de recordar que los derechos humanos que se tratan de proteger son precisamente los de propiedad, seguridad jurídica y certeza jurídica entre otros.

La Gran Pregunta: ¿Pagar o no Pagar?

Manual de interpretación en materia de I.V.A. para Personas Morales Prestadoras de Servicios Empresariales.

Dr. Guillermo Robertson Andrade

Es entonces que las leyes y artículos que intervienen en el tema que nos ocupa son los siguientes:

**CONSTITUCIÓN POLÍTICA
DE LOS ESTADOS UNIDOS MEXICANOS**

Constitución publicada en el Diario Oficial de la Federación el 5 de febrero de 1917.

Texto vigente
Última reforma publicada D.O.F. 08-10-2013

Artículo 1o. En los Estados Unidos Mexicanos todas las personas gozarán de los derechos humanos reconocidos en esta Constitución y en los tratados internacionales de los que el Estado Mexicano sea parte, así como de las garantías para su protección, cuyo ejercicio no podrá restringirse ni suspenderse, salvo en los casos y bajo las condiciones que esta Constitución establece.

Párrafo reformado D.O.F. 10-06-2011

Las normas relativas a los Derechos Humanos se interpretarán de conformidad con esta Constitución y con los Tratados Internacionales de la materia favoreciendo en todo tiempo a las personas la protección más amplia.

Párrafo adicionado D.O.F. 10-06-2011

Todas las autoridades, en el ámbito de sus competencias, tienen la obligación de promover, respetar, proteger y garantizar los Derechos Humanos de conformidad con los principios de universalidad, interdependencia, indivisibilidad y progresividad.

La Gran Pregunta: ¿Pagar o no Pagar?

Manual de interpretación en materia de I.V.A. para Personas Morales Prestadoras de Servicios Empresariales.

Dr. Guillermo Robertson Andrade

En consecuencia, el Estado deberá prevenir, investigar, sancionar y reparar las violaciones a los derechos humanos, en los términos que establezca la ley.

Párrafo adicionado D.O.F. 10-06-2011

Artículo 6o. La manifestación de las ideas no será objeto de ninguna inquisición judicial o administrativa, sino en el caso de que ataque a la moral, la vida privada o los derechos de terceros, provoque algún delito, o perturbe el orden público; el derecho de réplica será ejercido en los términos dispuestos por la ley. El derecho a la información será garantizado por el Estado.

Párrafo reformado D.O.F. 13-11-2007, 11-06-2013

Toda persona tiene derecho al libre acceso a información plural y oportuna, así como a buscar, recibir y difundir información e ideas de toda índole por cualquier medio de expresión.

Párrafo adicionado D.O.F. 11-06-2013

El Estado garantizará el derecho de acceso a las tecnologías de la información y comunicación, así como a los servicios de radiodifusión y telecomunicaciones, incluido el de banda ancha e internet. Para tales efectos, el Estado establecerá condiciones de competencia efectiva en la prestación de dichos servicios.

Párrafo adicionado D.O.F. 11-06-2013

Para efectos de lo dispuesto en el presente artículo se observará lo siguiente:

Párrafo adicionado D.O.F. 11-06-2013

A. Para el ejercicio del derecho de acceso a la información, la Federación, los Estados y el Distrito Federal, en el

La Gran Pregunta: ¿Pagar o no Pagar?

Manual de interpretación en materia de I.V.A. para Personas Morales Prestadoras de Servicios Empresariales.

Dr. Guillermo Robertson Andrade

ámbito de sus respectivas competencias, se regirán por los siguientes principios y bases:

Párrafo reformado (para quedar como apartado a) D.O.F. 11-06-2013

I.   Toda la información en posesión de cualquier autoridad, entidad, órgano y organismo federal, estatal y municipal, es pública y sólo podrá ser reservada temporalmente por razones de interés público en los términos que fijen las leyes. En la interpretación de este derecho deberá prevalecer el principio de máxima publicidad.

II.   La información que se refiere a la vida privada y los datos personales será protegida en los términos y con las excepciones que fijen las leyes.

III.   Toda persona, sin necesidad de acreditar interés alguno o justificar su utilización, tendrá acceso gratuito a la información pública, a sus datos personales o a la rectificación de éstos.

IV.   Se establecerán mecanismos de acceso a la información y procedimientos de revisión expeditos. Estos procedimientos se sustanciarán ante órganos u organismos especializados e imparciales, y con autonomía operativa, de gestión y de decisión.

V.   Los sujetos obligados deberán preservar sus documentos en archivos administrativos actualizados y publicarán a través de los medios electrónicos disponibles, la información completa y actualizada sobre sus indicadores de gestión y el ejercicio de los recursos públicos.

La Gran Pregunta: ¿Pagar o no Pagar?

Manual de interpretación en materia de I.V.A. para Personas Morales Prestadoras de Servicios Empresariales.

Dr. Guillermo Robertson Andrade

VI.   Las leyes determinarán la manera en que los sujetos obligados deberán hacer pública la información relativa a los recursos públicos que entreguen a personas físicas o morales.

VII.   La inobservancia a las disposiciones en materia de acceso a la información pública será sancionada en los términos que dispongan las leyes.

Párrafo con fracciones adicionado D.O.F. 20-07-2007

B.   En materia de radiodifusión y telecomunicaciones:

I.   El Estado garantizará a la población su integración a la sociedad de la información y el conocimiento, mediante una política de inclusión digital universal con metas anuales y sexenales.

II.   Las telecomunicaciones son servicios públicos de interés general, por lo que el Estado garantizará que sean prestados en condiciones de competencia, calidad, pluralidad, cobertura universal, interconexión, convergencia, continuidad, acceso libre y sin injerencias arbitrarias.

III.   La radiodifusión es un servicio público de interés general, por lo que el Estado garantizará que sea prestado en condiciones de competencia y calidad y brinde los beneficios de la cultura a toda la población, preservando la pluralidad y la veracidad de la información, así como el fomento de los valores de la identidad nacional, contribuyendo a los fines establecidos en el artículo 3o. de esta Constitución.

La Gran Pregunta: ¿Pagar o no Pagar?

Manual de interpretación en materia de I.V.A. para Personas Morales Prestadoras de Servicios Empresariales.

Dr. Guillermo Robertson Andrade

IV. Se prohíbe la transmisión de publicidad o propaganda presentada como información periodística o noticiosa; se establecerán las condiciones que deben regir los contenidos y la contratación de los servicios para su transmisión al público, incluidas aquellas relativas a la responsabilidad de los concesionarios respecto de la información transmitida por cuenta de terceros, sin afectar la libertad de expresión y de difusión.

V. La ley establecerá un organismo público descentralizado con autonomía técnica, operativa, de decisión y de gestión, que tendrá por objeto proveer el servicio de radiodifusión sin fines de lucro, a efecto de asegurar el acceso al mayor número de personas en cada una de las entidades de la Federación, a contenidos que promuevan la integración nacional, la formación educativa, cultural y cívica, la igualdad entre mujeres y hombres, la difusión de información imparcial, objetiva, oportuna y veraz del acontecer nacional e internacional, y dar espacio a las obras de producción independiente, así como a la expresión de la diversidad y pluralidad de ideas y opiniones que fortalezcan la vida democrática de la sociedad.

El organismo público contará con un consejo ciudadano con el objeto de asegurar su independencia y una política editorial imparcial y objetiva. Será integrado por nueve consejeros honorarios que serán elegidos mediante una amplia consulta pública por el voto de dos terceras partes de los miembros presentes de la Cámara de Senadores o, en sus recesos, de la comisión permanente. Los consejeros desempeñarán su encargo en forma escalonada, por lo que anualmente serán sustituidos los dos de mayor antigüedad en el cargo, salvo que fuesen ratificados por el Senado para un segundo periodo.

La Gran Pregunta: ¿Pagar o no Pagar?

Manual de interpretación en materia de I.V.A. para Personas Morales Prestadoras de Servicios Empresariales.

Dr. Guillermo Robertson Andrade

El Presidente del organismo público será designado, a propuesta del Ejecutivo Federal, con el voto de dos terceras partes de los miembros presentes de la Cámara de Senadores o, en sus recesos, de la comisión permanente; durará en su encargo cinco años, podrá ser designado para un nuevo periodo por una sola vez, y sólo podrá ser removido por el Senado mediante la misma mayoría.

El Presidente del organismo presentará anualmente a los Poderes Ejecutivo y Legislativo de la Unión un informe de actividades; al efecto comparecerá ante las Cámaras del Congreso en los términos que dispongan las leyes.

VI.   La ley establecerá los derechos de los usuarios de telecomunicaciones, de las audiencias, así como los mecanismos para su protección.

Apartado con fracciones adicionado D.O.F. 11-06-2013
Artículo reformado D.O.F. 06-12-1977

Artículo 8o. Los funcionarios y empleados públicos respetarán el ejercicio del derecho de petición, siempre que ésta se formule por escrito, de manera pacífica y respetuosa; pero en materia política sólo podrán hacer uso de ese derecho los ciudadanos de la República.

A toda petición deberá recaer un acuerdo escrito de la autoridad a quien se haya dirigido, la cual tiene obligación de hacerlo conocer en breve término al peticionario.

Artículo original D.O.F. 05-02-1917

La Gran Pregunta: ¿Pagar o no Pagar?

Manual de interpretación en materia de I.V.A. para Personas Morales Prestadoras de Servicios Empresariales.

Dr. Guillermo Robertson Andrade

Artículo 14. A ninguna ley se dará efecto retroactivo en perjuicio de persona alguna.

Nadie podrá ser privado de la libertad o de sus propiedades, posesiones o derechos, sino mediante juicio seguido ante los tribunales previamente establecidos, en el que se cumplan las formalidades esenciales del procedimiento y conforme a las leyes expedidas con anterioridad al hecho.

Párrafo reformado D.O.F. 09-12-2005

En los juicios de orden criminal queda prohibido imponer, por simple analogía, y aún por mayoría de razón, pena alguna que no esté decretada por una ley exactamente aplicable al delito de que se trata.

En los juicios del orden civil, la sentencia definitiva deberá ser conforme a la letra o a la interpretación jurídica de la ley, y a falta de ésta se fundará en los principios generales del Derecho.

Artículo 16. Nadie puede ser molestado en su persona, familia, domicilio, papeles o posesiones, sino en virtud de mandamiento escrito de la autoridad competente, que funde y motive la causa legal del procedimiento.

....

Artículo 29. En los casos de invasión, perturbación grave de la paz pública, o de cualquier otro que ponga a la sociedad en grave peligro o conflicto, solamente el presidente de los Estados Unidos Mexicanos, de acuerdo con los titulares de las Secretarías de Estado y la Procuraduría General de la República y con la aprobación del Congreso de la Unión o de la Comisión Permanente cuando aquel no estuviere reunido, podrá restringir

La Gran Pregunta: ¿Pagar o no Pagar?

Manual de interpretación en materia de I.V.A. para Personas Morales Prestadoras de Servicios Empresariales.

Dr. Guillermo Robertson Andrade

o suspender en todo el país o en lugar determinado el ejercicio de los derechos y las garantías que fuesen obstáculo para hacer frente, rápida y fácilmente a la situación; pero deberá hacerlo por un tiempo limitado, por medio de prevenciones generales y sin que la restricción o suspensión se contraiga a determinada persona. Si la restricción o suspensión tuviese lugar hallándose el Congreso reunido, éste concederá las autorizaciones que estime necesarias para que el Ejecutivo haga frente a la situación; pero si se verificase en tiempo de receso, se convocará de inmediato al Congreso para que las acuerde.

En los decretos que se expidan, no podrá restringirse ni suspenderse el ejercicio de los derechos a la no discriminación, al reconocimiento de la personalidad jurídica, a la vida, a la integridad personal, a la protección a la familia, al nombre, a la nacionalidad; los derechos de la niñez; los derechos políticos; las libertades de pensamiento, conciencia y de profesar creencia religiosa alguna; el principio de legalidad y retroactividad; la prohibición de la pena de muerte; la prohibición de la esclavitud y la servidumbre; la prohibición de la desaparición forzada y la tortura; ni las garantías judiciales indispensables para la protección de tales derechos.

La restricción o suspensión del ejercicio de los derechos y garantías debe estar fundada y motivada en los términos establecidos por esta Constitución y ser proporcional al peligro a que se hace frente, observando en todo momento los principios de legalidad, racionalidad, proclamación, publicidad y no discriminación.

La Gran Pregunta: ¿Pagar o no Pagar?

Manual de interpretación en materia de I.V.A. para Personas Morales Prestadoras de Servicios Empresariales.

Dr. Guillermo Robertson Andrade

Cuando se ponga fin a la restricción o suspensión del ejercicio de los derechos y garantías, bien sea por cumplirse el plazo o porque así lo decrete el Congreso, todas las medidas legales y administrativas adoptadas durante su vigencia quedarán sin efecto de forma inmediata. El ejecutivo no podrá hacer observaciones al decreto mediante el cual el Congreso revoque la restricción o suspensión.

Los decretos expedidos por el ejecutivo durante la restricción o suspensión, serán revisados de oficio e inmediatamente por la Suprema Corte de Justicia de la Nación, la que deberá pronunciarse con la mayor prontitud sobre su constitucionalidad y validez.

Artículo reformado D.O.F. 21-04-1981, 02-08-2007, 10-06-2011

Artículo 31. Son obligaciones de los mexicanos:

I ...

IV. Contribuir para los gastos públicos, así como de la Federación, del Distrito Federal o del Estado y Municipio en que residan, de la manera proporcional y equitativa que dispongan las leyes.

Fracción reformada D.O.F. 25-10-1993

Artículo 133. Esta Constitución, las leyes del Congreso de la Unión que emanen de ella y todos los tratados que estén de acuerdo con la misma, celebrados y que se celebren por el Presidente de la República, con aprobación del Senado, serán la ley suprema de toda la Unión. Los jueces de cada estado se arreglarán a dicha constitución, leyes y tratados, a pesar de las

La Gran Pregunta: ¿Pagar o no Pagar?

Manual de interpretación en materia de I.V.A. para Personas Morales Prestadoras de Servicios Empresariales.

Dr. Guillermo Robertson Andrade

disposiciones en contrario que pueda haber en las Constituciones o leyes de los Estados.

CONVENCIÓN AMERICANA SOBRE DERECHOS HUMANOS
(SUSCRITA EN SAN JOSÉ, COSTA RICA, EL 22 DE NOVIEMBRE DE 1969, EN LA CONFERENCIA ESPECIALIZADA INTERAMERICANA SOBRE DERECHOS HUMANOS)

Artículo 1. Obligación de respetar los derechos.

1. Los estados partes en esta convención se comprometen a respetar los derechos y libertades reconocidos en ella y a garantizar su libre y pleno ejercicio a toda persona que esté sujeta a su jurisdicción, sin discriminación alguna por motivos de raza, color, sexo, idioma, religión, opiniones políticas o de cualquier otra índole, origen nacional o social, posición económica, nacimiento o cualquier otra condición social.

2. ...

Artículo 8. Garantías Judiciales.
1. Toda persona tiene derecho a ser oída, con las debidas garantías y dentro de un plazo razonable, por un juez o tribunal competente, independiente e imparcial, establecido con anterioridad por la ley, en la sustanciación de cualquier acusación penal formulada contra ella, o para la determinación de sus derechos y obligaciones de orden civil, laboral, fiscal o de cualquier otro carácter.

La Gran Pregunta: ¿Pagar o no Pagar?

Manual de interpretación en materia de I.V.A. para Personas Morales Prestadoras de Servicios Empresariales.

Dr. Guillermo Robertson Andrade

2. Toda persona inculpada de delito tiene derecho a que se presuma su inocencia mientras no se establezca legalmente su culpabilidad. Durante el proceso, toda persona tiene derecho, en plena igualdad, a las siguientes garantías mínimas:

a. Derecho del inculpado de ser asistido gratuitamente por el traductor o intérprete, si no comprende o no habla el idioma del juzgado o tribunal;

b. Comunicación previa y detallada al inculpado de la acusación formulada;

c. Concesión al inculpado del tiempo y de los medios adecuados para la preparación de su defensa;

d. Derecho del inculpado de defenderse personalmente o de ser asistido por un defensor de su elección y de comunicarse libre y privadamente con su defensor;

e. Derecho irrenunciable de ser asistido por un defensor proporcionado por el Estado, remunerado o no según la legislación interna, si el inculpado no se defendiere por sí mismo ni nombrare defensor dentro del plazo establecido por la ley;

f. Derecho de la defensa de interrogar a los testigos presentes en el tribunal y de obtener la comparecencia, como testigos o peritos, de otras personas que puedan arrojar luz sobre los hechos;

La Gran Pregunta: ¿Pagar o no Pagar?
Manual de interpretación en materia de I.V.A. para Personas Morales Prestadoras de Servicios Empresariales.

Dr. Guillermo Robertson Andrade

g. Derecho a no ser obligado a declarar contra sí mismo ni a declararse culpable, y

h. Derecho de recurrir del fallo ante juez o tribunal superior.

3. La confesión del inculpado solamente es válida si es hecha sin coacción de ninguna naturaleza.

4. El inculpado absuelto por una sentencia firme no podrá ser sometido a nuevo juicio por los mismos hechos.

5. El proceso penal debe ser público, salvo en lo que sea necesario para preservar los intereses de la justicia.

Artículo 9. Principio de legalidad y de retroactividad.

Nadie puede ser condenado por acciones u omisiones que en el momento de cometerse no fueran delictivos según el derecho aplicable. Tampoco se puede imponer pena más grave que la aplicable en el momento de la comisión del delito. Si con posterioridad a la comisión del delito la ley dispone la imposición de una pena más leve, el delincuente se beneficiará de ello.

Artículo 21. Derecho a la propiedad privada.
1. Toda persona tiene derecho al uso y goce de sus bienes. La ley puede subordinar tal uso y goce al interés social.

2. Ninguna persona puede ser privada de sus bienes, excepto mediante el pago de indemnización justa, por razones de utilidad pública o de interés social y en los casos y según las formas establecidas por la ley.

La Gran Pregunta: ¿Pagar o no Pagar?

Manual de interpretación en materia de I.V.A. para Personas Morales Prestadoras de Servicios Empresariales.

Dr. Guillermo Robertson Andrade

3. Tanto la usura como cualquier otra forma de explotación del hombre por el hombre, deben ser prohibidas por la ley.

Artículo 24. Igualdad ante la ley.

Todas las personas son iguales ante la ley. En consecuencia, tienen derecho, sin discriminación, a igual protección de la ley.

Artículo 29. Normas de interpretación.

Ninguna disposición de la presente convención puede ser interpretada en el sentido de:

a. Permitir a alguno de los estados partes, grupo o persona, suprimir el goce y ejercicio de los derechos y libertades reconocidos en la convención o limitarlos en mayor medida que la prevista en ella;

b. Limitar el goce y ejercicio de cualquier derecho o libertad que pueda estar reconocido de acuerdo con las leyes de cualquiera de los estados partes o de acuerdo con otra convención en que sea parte uno de dichos estados;

c. Excluir otros derechos y garantías que son inherentes al ser humano o que se derivan de la forma democrática representativa de gobierno, y

d. Excluir o limitar el efecto que puedan producir la Declaración Americana de Derechos y Deberes del Hombre y otros actos internacionales de la misma naturaleza.

La Gran Pregunta: ¿Pagar o no Pagar?

Manual de interpretación en materia de I.V.A. para Personas Morales Prestadoras de Servicios Empresariales.

Dr. Guillermo Robertson Andrade

CÓDIGO CIVIL FEDERAL
DE LAS PERSONAS MORALES

Artículo 25.- Son Personas Morales:

I. La Nación, los Estados y los Municipios;

II. Las demás corporaciones de carácter público reconocidas por la ley;

III. Las Sociedades Civiles o Mercantiles;

IV. Los Sindicatos, las Asociaciones Profesionales y las demás a que se refiere la fracción XVI del artículo 123 de la Constitución Federal;

V. Las Sociedades Cooperativas y Mutualistas;

VI. Las asociaciones distintas de las enumeradas que se propongan fines políticos, científicos, artísticos, de recreo o cualquiera otro fin lícito, siempre que no fueren desconocidas por la ley.

VII. Las personas morales extranjeras de naturaleza privada, en los términos del artículo 2736.

Artículo 26.- Las personas morales pueden ejercitar todos los derechos que sean necesarios para realizar el objeto de su institución.

La Gran Pregunta: ¿Pagar o no Pagar?

Manual de interpretación en materia de I.V.A. para Personas Morales Prestadoras de Servicios Empresariales.

Dr. Guillermo Robertson Andrade

Artículo 27.- Las personas morales obran y se obligan por medio de los órganos que las representan sea por disposición de la ley o conforme a las disposiciones relativas de sus escrituras constitutivas y de sus estatutos.

Artículo 28.- Las personas morales se regirán por las leyes correspondientes, por su escritura constitutiva y por sus estatutos.

LEY GENERAL DE SOCIEDADES MERCANTILES

Nueva ley publicada en el Diario Oficial de la Federación el 4 de agosto de 1934
Texto vigente. Última reforma publicada D.O.F. 13-06-2014

Capítulo I.
De la Constitución y funcionamiento de las sociedades en general

Artículo 1o.- Esta ley reconoce las siguientes especies de sociedades mercantiles:

   I.   Sociedad en Nombre Colectivo;

   II. Sociedad en Comandita Simple;

   III. Sociedad de Responsabilidad Limitada;

   IV. Sociedad Anónima;

La Gran Pregunta: ¿Pagar o no Pagar?

Manual de interpretación en materia de I.V.A. para Personas Morales Prestadoras de Servicios Empresariales.

Dr. Guillermo Robertson Andrade

V. Sociedad en Comandita por Acciones, y

VI. Sociedad Cooperativa.

Cualquiera de las sociedades a que se refieren las fracciones I a V de este artículo podrá constituirse como Sociedad de Capital Variable, observándose entonces las disposiciones del capítulo VIII de esta ley.

CÓDIGO DE COMERCIO

Nuevo código publicado en el Diario Oficial de la Federación del 7 de octubre al 13 de diciembre de 1889.
Texto vigente. Última reforma publicada D.O.F. 13-06-2014

Titulo Primero
De los Actos de Comercio y de los Contratos Mercantiles en general.

Capítulo I.
De los Actos de Comercio.
Artículo 75.- La ley reputa actos de comercio:

I.- Todas las adquisiciones, enajenaciones y alquileres verificados con propósito de especulación comercial, de mantenimientos, artículos, muebles o mercaderías, sea en estado natural, sea después de trabajados o labrados;

II.- Las compras y ventas de bienes inmuebles, cuando se hagan con dicho propósito de especulación comercial;

La Gran Pregunta: ¿Pagar o no Pagar?

Manual de interpretación en materia de I.V.A. para Personas Morales Prestadoras de Servicios Empresariales.

Dr. Guillermo Robertson Andrade

III.- Las compras y ventas de porciones, acciones y obligaciones de las Sociedades Mercantiles;

IV.- Los contratos relativos y obligaciones del Estado u otros títulos de crédito corrientes en el comercio;

V.- Las empresas de abastecimientos y suministros;

VI.- Las empresas de construcciones, y trabajos públicos y privados;

VII.- Las empresas de fábricas y manufacturas;

VIII.- Las empresas de trasportes de personas o cosas, por tierra o por agua; y las empresas de turismo;

IX.- Las librerías, y las empresas editoriales y tipográficas;

X.- Las empresas de comisiones, de agencias, de oficinas de negocios comerciales, casas de empeño y establecimientos de ventas en pública almoneda;

XI.- Las empresas de espectáculos públicos;

XII.- Las operaciones de comisión mercantil;

XIII.- Las operaciones de mediación de negocios mercantiles;

XIV.- Las operaciones de bancos;

La Gran Pregunta: ¿Pagar o no Pagar?

Manual de interpretación en materia de I.V.A. para Personas Morales Prestadoras de Servicios Empresariales.

Dr. Guillermo Robertson Andrade

XV.- Todos los contratos relativos al comercio marítimo y a la navegación interior y exterior;

XVI.- Los contratos de seguros de toda especie;

XVII.- Los depósitos por causa de comercio;

XVIII.- Los depósitos en los almacenes generales y todas las operaciones hechas sobre los certificados de depósito y bonos de prenda librados por los mismos;

XIX.- Los cheques, letras de cambio o remesas de dinero de una plaza a otra, entre toda clase de personas;

XX.- Los vales u otros títulos a la orden o al portador, y las obligaciones de los comerciantes, a no ser que se pruebe que se derivan de una causa extraña al comercio;

XXI.- Las obligaciones entre comerciantes y banqueros, si no son de naturaleza esencialmente civil;

XXIII.- Los contratos y obligaciones de los empleados de los comerciantes en lo que concierne al comercio del negociante que los tiene a su servicio;

XXIII.- La enajenación que el propietario o el cultivador hagan de los productos de su finca o de su cultivo;

XXIV.- Las operaciones contenidas en la Ley General de Títulos y Operaciones de Crédito;

La Gran Pregunta: ¿Pagar o no Pagar?

Manual de interpretación en materia de I.V.A. para Personas Morales Prestadoras de Servicios Empresariales.

Dr. Guillermo Robertson Andrade

XXV.- Cualesquiera otros actos de naturaleza análoga a los expresados en este Código.

En caso de duda, la naturaleza comercial del acto será fijada por arbitrio judicial.

Artículo 76.- No son actos de comercio la compra de artículos o mercaderías que para su uso o consumo, o los de su familia, hagan los comerciantes: ni las reventas hechas por obreros, cuando ellas fueren consecuencia natural de la práctica de su oficio.

LEY DEL IMPUESTO AL VALOR AGREGADO

Nueva ley publicada en el Diario Oficial de la Federación el 29 de diciembre de 1978.
Texto vigente. Última reforma publicada D.O.F. 11-12-2013

Capítulo I.
Disposiciones Generales.

Artículo 1.
Están obligadas al pago del impuesto al valor agregado establecido en esta ley, las personas físicas y las morales que, en territorio nacional, realicen los actos o actividades siguientes:

Párrafo reformado D.O.F. 30-12-1980

I.- Enajenen bienes.
II.- Presten servicios independientes.
...

Capítulo III.
De la Prestación de Servicios.

La Gran Pregunta: ¿Pagar o no Pagar?

Manual de interpretación en materia de I.V.A. para Personas Morales Prestadoras de Servicios Empresariales.

Dr. Guillermo Robertson Andrade

Artículo 14.
Para los efectos de esta ley se considera prestación de servicios independientes:

I.- La prestación de obligaciones de hacer que realice una persona a favor de otra, cualquiera que sea el acto que le dé origen y el nombre o clasificación que a dicho acto le den otras leyes.

II.- El transporte de personas o bienes.

III.-El seguro, el afianzamiento y el re-afianzamiento.
Fracción reformada D.O.F. 28-12-1994

IV.-El mandato, la comisión, la mediación, la agencia, la representación, la correduría, la consignación y la distribución.

V.- La asistencia técnica y la transferencia de tecnología.

VI.-Toda otra obligación de dar, de no hacer o de permitir, asumida por una persona en beneficio de otra, siempre que no esté considerada por esta ley como enajenación o uso o goce temporal de bienes.

No se considera prestación de servicios independientes la que se realiza de manera subordinada mediante el pago de una remuneración, ni los servicios por los que se perciban ingresos que la Ley del Impuesto Sobre la Renta asimile a dicha remuneración.

La Gran Pregunta: ¿Pagar o no Pagar?

Manual de interpretación en materia de I.V.A. para Personas Morales Prestadoras de Servicios Empresariales.

Dr. Guillermo Robertson Andrade

Se entenderá que la prestación de servicios independientes tiene la característica de personal, cuando se trate de las actividades señaladas en este artículo que no tengan la naturaleza de actividad empresarial.

Párrafo adicionado D.O.F. 30-12-1983

CÓDIGO FISCAL DE LA FEDERACIÓN

Nuevo código publicado en el Diario Oficial de la Federación el 31 de diciembre de 1981.
Texto vigente. Última reforma publicada D.O.F. 14-03-2014

Título Primero
Disposiciones Generales

Capítulo I.

Artículo 1o.- Las personas físicas y las morales, están obligadas a contribuir para los gastos públicos conforme a las leyes fiscales respectivas. Las disposiciones de este código se aplicarán en su defecto y sin perjuicio de lo dispuesto por los tratados internacionales de los que México sea parte. Sólo mediante ley podrá destinarse una contribución a un gasto público específico.
La Federación queda obligada a pagar contribuciones únicamente cuando las leyes lo señalen expresamente.

Los estados extranjeros, en casos de reciprocidad, no están obligados a pagar impuestos. No quedan comprendidas en esta exención las entidades o agencias pertenecientes a dichos estados.

La Gran Pregunta: ¿Pagar o no Pagar?

Manual de interpretación en materia de I.V.A. para Personas Morales Prestadoras de Servicios Empresariales.

Dr. Guillermo Robertson Andrade

Las personas que de conformidad con las leyes fiscales no estén obligadas a pagar contribuciones, únicamente tendrán las otras obligaciones que establezcan en forma expresa las propias leyes.

Artículo 2o.- Las contribuciones se clasifican en impuestos, aportaciones de seguridad social, contribuciones de mejoras y derechos, las que se definen de la siguiente manera:
I. Impuestos son las contribuciones establecidas en ley que deben pagar las personas físicas y morales que se encuentran en la situación jurídica o de hecho prevista por la misma y que sean distintas de las señaladas en las fracciones II, III y IV de este artículo.
...
Artículo 5o.- Las disposiciones fiscales que establezcan cargas a los particulares y las que señalan excepciones a las mismas, así como las que fijan las infracciones y sanciones, son de aplicación estricta. Se considera que establecen cargas a los particulares las normas que se refieren al sujeto, objeto, base, tasa o tarifa.

Las otras disposiciones fiscales se interpretarán aplicando cualquier método de interpretación jurídica. A falta de norma fiscal expresa, se aplicarán supletoriamente las disposiciones del derecho federal común cuando su aplicación no sea contraria a la naturaleza propia del derecho fiscal.

Artículo 6o.- Las contribuciones se causan conforme se realizan las situaciones jurídicas o de hecho, previstas en las leyes fiscales vigentes durante el lapso en que ocurran.

La Gran Pregunta: ¿Pagar o no Pagar?

Manual de interpretación en materia de I.V.A. para Personas Morales Prestadoras de Servicios Empresariales.

Dr. Guillermo Robertson Andrade

Dichas contribuciones se determinarán conforme a las disposiciones vigentes en el momento de su causación, pero les serán aplicables las normas sobre procedimiento que se expidan con posterioridad.

Corresponde a los contribuyentes la determinación de las contribuciones a su cargo, salvo disposición expresa en contrario. Si las autoridades fiscales deben hacer la determinación, los contribuyentes les proporcionarán la información necesaria dentro de los 15 días siguientes a la fecha de su causación.

Las contribuciones se pagan en la fecha o dentro del plazo señalado en las disposiciones respectivas. A falta de disposición expresa el pago deberá hacerse mediante declaración que se presentará ante las oficinas autorizadas, dentro del plazo que a continuación se indica:

I. Si la contribución se calcula por períodos establecidos en ley y en los casos de retención o de recaudación de contribuciones, los contribuyentes, retenedores o las personas a quienes las leyes impongan la obligación de recaudarlas, las enterarán a más tardar el día 17 del mes de calendario inmediato posterior al de terminación del período de la retención o de la recaudación, respectivamente.

II. En cualquier otro caso, dentro de los 5 días siguientes al momento de la causación.

III. (Se deroga).

La Gran Pregunta: ¿Pagar o no Pagar?

Manual de interpretación en materia de I.V.A. para Personas Morales Prestadoras de Servicios Empresariales.

Dr. Guillermo Robertson Andrade

En el caso de contribuciones que se deben pagar mediante retención, aun cuando quien deba efectuarla no retenga o no haga pago de la contraprestación relativa, el retenedor estará obligado a enterar una cantidad equivalente a la que debió haber retenido.

Cuando los retenedores deban hacer un pago en bienes, solamente harán la entrega del bien de que se trate si quien debe recibirlo provee los fondos necesarios para efectuar la retención en moneda nacional.

Quien haga pago de créditos fiscales deberá obtener de la oficina recaudadora, la forma oficial, el recibo oficial o la forma valorada, expedidos y controlados exclusivamente por la Secretaría de Hacienda y Crédito Público o la documentación que en las disposiciones respectivas se establezca en la que conste la impresión original de la máquina registradora. Tratándose de los pagos efectuados en las oficinas de las instituciones de crédito, se deberá obtener la impresión de la máquina registradora, el sello, la constancia o el acuse de recibo electrónico con sello digital.

Cuando las disposiciones fiscales establezcan opciones a los contribuyentes para el cumplimiento de sus obligaciones fiscales o para determinar las contribuciones a su cargo, la elegida por el contribuyente no podrá variarla respecto al mismo ejercicio.

La Gran Pregunta: ¿Pagar o no Pagar?

Manual de interpretación en materia de I.V.A. para Personas Morales Prestadoras de Servicios Empresariales.

Dr. Guillermo Robertson Andrade

LEY DEL IMPUESTO SOBRE LA RENTA

Texto vigente. Nueva ley publicada en el Diario Oficial de la Federación el 11 de diciembre de 2013.

Artículo 27. Las deducciones autorizadas en este título deberán reunir los siguientes requisitos:

I....

IV.   Estar debidamente registradas en contabilidad y que sean restadas una sola vez.

REGLAMENTO DE LA LEY DEL IMPUESTO SOBRE LA RENTA

Nuevo reglamento publicado en el Diario Oficial de la Federación el 17 de octubre de 2003
Texto vigente. Última reforma publicada D.O.F. 04-12-2006

Artículo 36. Para los efectos de la fracción IV del artículo 31 de la ley, se entenderá que se cumple con el requisito de que las deducciones estén debidamente registradas en contabilidad inclusive cuando se lleven en cuentas de orden.

La Gran Pregunta: ¿Pagar o no Pagar?

Manual de interpretación en materia de I.V.A. para Personas Morales Prestadoras de Servicios Empresariales.

Dr. Guillermo Robertson Andrade

Capítulo V

La Gran Pregunta: ¿Pagar o no Pagar?

Manual de interpretación en materia de I.V.A. para Personas Morales Prestadoras de Servicios Empresariales.

Dr. Guillermo Robertson Andrade

Capítulo V

Métodos de Interpretación Jurídica

El método es el conjunto de pasos a seguir para llegar a un objetivo o conclusión; en el caso particular del tema al que hacemos referencia, el principal objetivo es poder *interpretar las normas, leyes, reglamentos y demás disposiciones legales de una manera realista y coherente;* por lo cual, los métodos que se analizarán a continuación cumplen con ese objetivo.

La Gran Pregunta: ¿Pagar o no Pagar?

Manual de interpretación en materia de I.V.A. para Personas Morales Prestadoras de Servicios Empresariales.

Dr. Guillermo Robertson Andrade

Interpretación Gramatical o Literal

Este método se concentra en poner atención en la manera como fue redactada la disposición legal por parte del legislador, es decir analizar mediante las reglas gramaticales y del lenguaje encontrar sentido a lo ahí mencionado, analizar sencillamente las expresiones, recordemos que el legislador por obligación debería redactar una ley para que cualquier ciudadano pudiera interpretarla.

La interpretación literal no siempre se reduce a otorgar un significado a partir de lo que gramaticalmente expresa un texto, sino, por el contrario, debido a la ambigüedad que podría presentar su redacción, pueden aplicarse la aplicación restrictiva y la extensiva.

La Gran Pregunta: ¿Pagar o no Pagar?

Manual de interpretación en materia de I.V.A. para Personas Morales Prestadoras de Servicios Empresariales.

Dr. Guillermo Robertson Andrade

La primera de ellas denominada *restrictiva* se refiere a concentrarnos exclusivamente en lo ahí dispuesto, mientras que la *extensiva* se refiere en ampliar el significado de un texto, cuando el mismo no pueda ser comprendido claramente.

Interpretación Sistemática

Este tipo de interpretación lo que busca es extraer dentro del texto de la norma estudiada, un enunciado cuyo sentido tenga relación directa con el contenido general de la norma, aunque podemos llegar a inconvenientes como el pensar que un solo enunciado definirá el contenido de la misma, siendo que una norma está integrada por un articulado que en conjunto dan sentido a la misma.

La Gran Pregunta: ¿Pagar o no Pagar?

Manual de interpretación en materia de I.V.A. para Personas Morales Prestadoras de Servicios Empresariales.

Dr. Guillermo Robertson Andrade

Interpretación Histórica

Se centra en analizar el contexto de las disposiciones jurídicas anteriores, debido a que los mismos podrán influir al entendimiento de la actual.

Esto tiene un objetivo coherente en el hecho que, remontándonos a las disposiciones anteriores podremos comprender que quiso decir el legislador y sobre todo, porqué fue escrita dicha norma.

Lo cual genera dos tipos de interpretación, la *estática* y la *dinámica* o *evolutiva*:

- La primera de ellas se centra en que una norma por más reformas que sufra no debe de alterarse el objeto por el cual fue concebida.
- La segunda de ellas que es la dinámica o evolutiva, se centra en que los cambios que sufre

La Gran Pregunta: ¿Pagar o no Pagar?

Manual de interpretación en materia de I.V.A. para Personas Morales Prestadoras de Servicios Empresariales.

Dr. Guillermo Robertson Andrade

la sociedad son objeto para cambiar si es necesario el objeto y contenido de una norma que sea acorde con la sociedad actual.

Solo deseo reiterar que el elemento histórico nos permite interpretar el derecho legislado aludiendo para ello a la historia del texto legal que se trata de interpretar. Asimismo, esta historia se ve reflejada en cada una de las historias o etapas del proceso de formación de la ley.

Interpretación Genética

Comprende que cualquier norma fue creada por una necesidad de la sociedad, por lo cual, dicha necesidad dio lugar a generar una disposición legal.

La Gran Pregunta: ¿Pagar o no Pagar?

Manual de interpretación en materia de I.V.A. para Personas Morales Prestadoras de Servicios Empresariales.

Dr. Guillermo Robertson Andrade

Interpretación Teleológica

Consiste en atribuir un significado a una norma o clausulado, analizando primeramente la finalidad del precepto o pacto. Esta finalidad y sus objetivos deben ser perceptibles, determinables y vinculados a una realidad conocida.

Interpretación Analógica o Extensiva

Consiste en interpretar la norma en base al sentido de la razón, el juez explica el significado incierto de la norma, en base a la luz de otro ordenamiento no equívoca o menos equívoca, invocando la analogía o similitud de dos previsiones.

La Gran Pregunta: ¿Pagar o no Pagar?

Manual de interpretación en materia de I.V.A. para Personas Morales Prestadoras de Servicios Empresariales.

Dr. Guillermo Robertson Andrade

Interpretaciones Especializadas

Existen dos tipos de interpretaciones sumamente especializadas que son:

Interpretación acorde al uso Interpretativo del Derecho

Dentro de cualquier investigación, es necesario realizar un análisis de las normas y disposiciones legales, debido a que son ellas las que determinan todos y cada uno de los comportamientos humanos en la sociedad.

En especial cuando hablamos de personas que están siendo sometidas a procedimientos judiciales, recordando que las normas son creadas para que favorezcan la posición del sujeto en desventaja.

La Gran Pregunta: ¿Pagar o no Pagar?

Manual de interpretación en materia de I.V.A. para Personas Morales Prestadoras de Servicios Empresariales.

Dr. Guillermo Robertson Andrade

Interpretación conforme a los Derechos Humanos

El segundo párrafo del artículo 1 constitucional nos otorga el derecho humano a que la interceptación de las leyes sea de la manera más proteccionista, ello es, se debe de aplicar el principio pro persona, mejor conocido como pro homine, mismo que obliga a todas las autoridades a escoger la norma más proteccionista, lo anterior, de conformidad con lo establecido por la Primera Sala de la Suprema Corte de Justicia de la Nación:

Época: Décima Época
Registro: 2002000
Instancia: Primera Sala
Tipo de tesis: Jurisprudencia
Fuente: Semanario Judicial de la Federación y su Gaceta
Libro XIII, octubre de 2012, Tomo 2
Materia(s): Constitucional
Tesis: 1A. /J. 107/2012 (10a.)
Página: 799

La Gran Pregunta: ¿Pagar o no Pagar?

Manual de interpretación en materia de I.V.A. para Personas Morales Prestadoras de Servicios Empresariales.

Dr. Guillermo Robertson Andrade

Principio pro persona. Criterio de selección de la norma de derecho fundamental aplicable.

De conformidad con el texto vigente del artículo 1o. Constitucional, modificado por el decreto de reforma constitucional publicado en el Diario Oficial de la Federación el 10 de junio de 2011, en materia de derechos fundamentales, el ordenamiento jurídico mexicano tiene dos fuentes primigenias: a) los derechos fundamentales reconocidos en la Constitución Política de los Estados Unidos Mexicanos; y, b) todos aquellos derechos humanos establecidos en tratados internacionales de los que el Estado Mexicano sea parte. Consecuentemente, las normas provenientes de ambas fuentes, son normas supremas del ordenamiento jurídico mexicano. Esto implica que los valores, principios y derechos que ellas materializan deben permear en todo el orden jurídico, obligando a todas las autoridades a su aplicación y, en aquellos casos en que sea procedente, a su interpretación. Ahora bien, en el supuesto de que un mismo derecho fundamental esté reconocido en las dos fuentes supremas del ordenamiento jurídico, a saber, la Constitución y los tratados internacionales, la elección de la norma que será aplicable -en materia de derechos humanos-, atenderá a criterios que favorezcan al individuo o lo que se ha denominado principio pro persona, de conformidad con lo dispuesto en el segundo párrafo del artículo 1o. Constitucional. Según dicho criterio interpretativo, en caso de que exista una diferencia entre el alcance o la protección reconocida en las normas de estas distintas fuentes, deberá prevalecer aquella que represente una mayor protección para la persona o que implique una menor restricción. En esta lógica, el catálogo de derechos fundamentales no se encuentra limitado a lo prescrito en el texto

La Gran Pregunta: ¿Pagar o no Pagar?

Manual de interpretación en materia de I.V.A. para Personas Morales Prestadoras de Servicios Empresariales.

Dr. Guillermo Robertson Andrade

constitucional, sino que también incluye a todos aquellos derechos que figuran en los tratados internacionales ratificados por el Estado Mexicano.

Facultad de atracción 135/2011. Ministro Arturo Zaldívar Lelo de Larrea. 19 de octubre de 2011. Mayoría de cuatro votos. Disidente: Jorge Mario Pardo Rebolledo. Ponente: Arturo Zaldívar Lelo de Larrea. Secretario: Javier Mijangos y González.

Amparo directo 28/2010. Demos, Desarrollo de Medios, S.A. de C.V. 23 de noviembre de 2011. Mayoría de cuatro votos. Disidente: Guillermo I. Ortiz Mayagoitia. Ponente: Arturo Zaldívar Lelo de Larrea. Secretario: Javier Mijangos y González.

Amparo directo en revisión 2357/2010. Federico Armando Castillo González. 7 de diciembre de 2011. Mayoría de cuatro votos. Disidente: José Ramón Cossío Díaz. Ponente: Arturo Zaldívar Lelo de Larrea. Secretario: Mario Gerardo Avante Juárez.

Amparo directo en revisión 772/2012. Lidia Lizbeth Rivera Moreno. 4 de julio de 2012. Cinco votos. Ponente: José Ramón Cosío Díaz. Secretaria: Teresita del Niño Jesús Lúcia Segovia.

Amparo directo 8/2012. Arrendadora Ocean Mexicana, S.A. de C.V. y otros. 4 de julio de 2012. Mayoría de cuatro votos. Disidente: Guillermo I. Ortiz Mayagoitia. Ponente: Arturo Zaldívar Lelo de Larrea. Secretario: Javier Mijangos y González.

Tesis de jurisprudencia 107/2012 (10a.). Aprobada por la Primera Sala de este alto tribunal, en sesión privada de tres de octubre de dos mil doce.

Nota: Por ejecutoria del 9 de octubre de 2013, el pleno declaró sin materia la contradicción de tesis 26/2013 derivada de la denuncia de la que fue objeto el criterio contenido en esta tesis, al existir las jurisprudencias P. /J. 20/2014 (10a.) y P. /J. 21/2014 (10a.) que resuelve el mismo problema jurídico.

La Gran Pregunta: ¿Pagar o no Pagar?

Manual de interpretación en materia de I.V.A. para Personas Morales Prestadoras de Servicios Empresariales.

Dr. Guillermo Robertson Andrade

Por lo que hemos podido observar contamos con diversas formas de interpretación de las normas, solo que siempre es de elegir la que mayor beneficio nos otorgue, tal cual lo ha determinado la Suprema Corte de Justicia de la Nación por medio de su Primera Sala.

La Gran Pregunta: ¿Pagar o no Pagar?

Manual de interpretación en materia de I.V.A. para Personas Morales Prestadoras de Servicios Empresariales.

Dr. Guillermo Robertson Andrade

La Gran Pregunta: ¿Pagar o no Pagar?

Manual de interpretación en materia de I.V.A. para Personas Morales Prestadoras de Servicios Empresariales.

Dr. Guillermo Robertson Andrade

Capítulo VI

La Gran Pregunta: ¿Pagar o no Pagar?

Manual de interpretación en materia de I.V.A. para Personas Morales Prestadoras de Servicios Empresariales.

Dr. Guillermo Robertson Andrade

La Gran Pregunta: ¿Pagar o no Pagar?

Manual de interpretación en materia de I.V.A. para Personas Morales Prestadoras de Servicios Empresariales.

Dr. Guillermo Robertson Andrade

Capítulo VI

Interpretación Aplicable al Tema

En este apartado profundizaremos en el análisis de lo especificado en la última parte de la fracción IV del artículo 31, de la Constitución Política de los Estados Unidos Mexicanos; la cual establece que son obligaciones de los mexicanos de contribuir a los gastos públicos de manera proporcional y equitativa que dispongan las leyes.

La Gran Pregunta: ¿Pagar o no Pagar?

Manual de interpretación en materia de I.V.A. para Personas Morales Prestadoras de Servicios Empresariales.

Dr. Guillermo Robertson Andrade

Ante esto, es menester acudir a las leyes aplicables como lo son:

- Ley General de Sociedades Mercantiles.
- Ley del Impuesto al Valor Agregado.
- Código Fiscal de la Federación.
- Código de Comercio.

Todas las anteriores, por supuesto, dentro de los articulares que se traen a colación:

Ley General de Sociedades Mercantiles
Capítulo I
De la Constitución y Funcionamiento de las Sociedades en General

Artículo 1.
Esta ley reconoce las siguientes especies de sociedades mercantiles:

I. Sociedad en Nombre Colectivo;
II. Sociedad en Comandita Simple;
III. Sociedad de Responsabilidad Limitada;
IV. Sociedad Anónima;
V. Sociedad en Comandita por Acciones, y

La Gran Pregunta: ¿Pagar o no Pagar?

Manual de interpretación en materia de I.V.A. para Personas Morales Prestadoras de Servicios Empresariales.

Dr. Guillermo Robertson Andrade

VI. Sociedad Cooperativa.
VII. ...

Ley del Impuesto al Valor Agregado
Capítulo I
Disposiciones Generales

Artículo 1.
Están obligadas al pago del impuesto al valor agregado establecido en esta ley, las personas físicas y las morales que, en territorio nacional, realicen los actos o actividades siguientes:

I.- Enajenen bienes.
II.- Presten servicios independientes.
...

Artículo 3.
La Federación, el Distrito federal, los Estados, los Municipios, los organismos descentralizados, las instituciones y asociaciones de beneficencia privada, las sociedades cooperativas o cualquiera otra persona, aunque conforme a otras leyes o decretos no causen impuestos federales o estén exentos de ellos, deberán aceptar la traslación a que se refiere el artículo primero y, en su caso, pagar el impuesto al valor agregado y trasladarlo, de acuerdo con los preceptos de esta ley.
...

Artículo 14.
Para los efectos de esta ley se considera prestación de servicios independientes:

La Gran Pregunta: ¿Pagar o no Pagar?

Manual de interpretación en materia de I.V.A. para Personas Morales Prestadoras de Servicios Empresariales.

Dr. Guillermo Robertson Andrade

I.-...

No se considera prestación de servicios independientes la que se realiza de manera subordinada mediante el pago de una remuneración, ni los servicios por los que se perciban ingresos que la ley del impuesto sobre la renta asimile a dicha remuneración.

Se entenderá que la prestación de servicios independientes tiene la característica de personal, cuando se trate de las actividades señaladas en este artículo que no tengan la naturaleza de actividad empresarial.

Código Fiscal de la Federación
Título I
Disposiciones Generales
Capítulo Primero

Artículo 1.- Las personas físicas y las morales, están obligadas a contribuir para los gastos públicos conforme a las leyes fiscales respectivas.

...

Artículo 2.- Las contribuciones se clasifican en impuestos, aportaciones de seguridad social, contribuciones de mejoras y derechos, las que se definen de la siguiente manera:

I. Impuestos son las contribuciones establecidas en ley que deben pagar las personas físicas y morales que se encuentren en la situación jurídica o de hecho prevista

La Gran Pregunta: ¿Pagar o no Pagar?

Manual de interpretación en materia de I.V.A. para Personas Morales Prestadoras de Servicios Empresariales.

Dr. Guillermo Robertson Andrade

por la misma y que sean distintas de las señaladas en las fracciones II, III y IV de este artículo.

...

Artículo 5.- Las disposiciones fiscales que establezcan cargas a los particulares y las que señalan excepciones a las mismas, así como las que fijan las infracciones y sanciones, son de aplicación estricta. Se considera que establecen cargas a los particulares las normas que se refieren al sujeto, objeto, base, tasa o tarifa.

...

Artículo 16.- Se entenderá por actividades empresariales las siguientes:

I. Las comerciales que son las que de conformidad con las leyes federales tienen ese carácter y no están comprendidas en las fracciones siguientes.

...

Código de Comercio
Libro Segundo:
Del Comercio en General

Título Primero:
De los Actos de Comercio y de los Contratos Mercantiles en General
Capítulo I
De los Actos de Comercio

La Gran Pregunta: ¿Pagar o no Pagar?

Manual de interpretación en materia de I.V.A. para Personas Morales Prestadoras de Servicios Empresariales.

Dr. Guillermo Robertson Andrade

Artículo 75
La ley reputa actos de comercio:

I...;

V.- Las empresas de abastecimientos y suministros;
...
XIII.- Las operaciones de mediación en negocios mercantiles;

Como hemos podido justificar, en la obligación al pago del impuesto al valor agregado no ocurre el hecho imponible por las razones siguientes:

Habida cuenta de que las personas morales que si bien es innegable, prestan servicios de los que la ley establece como profesionales, también es cierto que, como se trata de una persona moral y que dichos servicios profesionales que se prestan, son los que el artículo 75 fracción V y XIII del Código de Comercio reputa como actos de comercio, por lo que si el artículo 14, último párrafo de la Ley del Impuesto al Valor Agregado establece que "se entenderá que la prestación

La Gran Pregunta: ¿Pagar o no Pagar?

Manual de interpretación en materia de I.V.A. para Personas Morales Prestadoras de Servicios Empresariales.

Dr. Guillermo Robertson Andrade

de servicios independientes tiene la característica de personal, cuando se trate de las actividades señaladas en este artículo que no tengan la naturaleza de actividad empresarial."

Asimismo, el artículo 1 primer párrafo del Código Fiscal de la Federación establece que "las personas físicas y las morales, están obligadas a contribuir para los gastos públicos conforme a las leyes fiscales respectivas".

Equivalentemente el artículo 2, fracción I establece "que se encuentren en la situación jurídica o de hecho prevista por la misma".

De igual forma, el primer párrafo del artículo 5 del propio Código Fiscal de la Federación nos establece que las cargas a los particulares son de aplicación estricta, siendo de aplicación estricta, todo lo que

La Gran Pregunta: ¿Pagar o no Pagar?

Manual de interpretación en materia de I.V.A. para Personas Morales Prestadoras de Servicios Empresariales.

Dr. Guillermo Robertson Andrade

refiere al sujeto, objeto, base, tasa o tarifa, tenemos pues, como desde el último párrafo del artículo 14 de la Ley del Impuesto al Valor Agregado establece como condicionante del sujeto obligado que este no realice actividad empresarial, es entonces con apoyo de la primera fracción del artículo 16 del propio Código Tributario y en relación con el artículo 75 fracción V y XIII del Código de Comercio; vemos que las personas morales que prestan este tipo de servicios, sí realizan actividades empresariales al prestar servicios profesionales.

Por lo tanto, y como lo hemos podido esclarecer hasta ahora y a lo largo del presente trazado, es claro que la interpretación que debe aplicarse, es la interpretación pro persona, o pro homine y, dicha interpretación establece que las personas morales que

La Gran Pregunta: ¿Pagar o no Pagar?

Manual de interpretación en materia de I.V.A. para Personas Morales Prestadoras de Servicios Empresariales.

Dr. Guillermo Robertson Andrade

presten servicios empresariales no están obligadas al pago del impuesto al valor agregado (I.V.A).

Lo anterior obedece, justamente porque realizan actividades empresariales y a esto se le llama que su actividad es precisamente la prestación de servicios empresariales.

Por otra parte, esta interpretación también la ha efectuado igualmente el Servicio de Administración Tributaria (S.A.T.), asimismo, el año de dos mil nueve, dicha dependencia de la Secretaría de Hacienda, emitió el criterio 84/2009/IVA, con respecto al tema tratado, mismo criterio que a la letra afirma lo siguiente:

> 84/2009/IVA Retenciones del impuesto al valor agregado. No proceden por servicios prestados como actividad empresarial.
>
> De conformidad con el artículo 1-a, fracción II, inciso a) de la Ley del Impuesto al Valor Agregado, las personas morales que reciban servicios personales independientes, o usen o gocen

La Gran Pregunta: ¿Pagar o no Pagar?

Manual de interpretación en materia de I.V.A. para Personas Morales Prestadoras de Servicios Empresariales.

Dr. Guillermo Robertson Andrade

temporalmente bienes prestados u otorgados por personas físicas, están obligadas a retener el impuesto que se les traslade.

Por otro lado, el artículo 14, último párrafo de la misma ley define que la prestación de servicios independientes se considera que tiene la característica de personal cuando además de ser de las actividades reguladas por dicho artículo no tenga naturaleza de actividad empresarial.

Por lo anterior, la retención tratándose de prestación de servicios, únicamente se dará cuando no tengan la característica de actividad empresarial, en términos del artículo 16 del Código Fiscal de la Federación, y por lo mismo puedan considerarse servicios personales.

La Gran Pregunta: ¿Pagar o no Pagar?

Manual de interpretación en materia de I.V.A. para Personas Morales Prestadoras de Servicios Empresariales.

Dr. Guillermo Robertson Andrade

Capítulo VII

La Gran Pregunta: ¿Pagar o no Pagar?

Manual de interpretación en materia de I.V.A. para Personas Morales Prestadoras de Servicios Empresariales.

Dr. Guillermo Robertson Andrade

La Gran Pregunta: ¿Pagar o no Pagar?

Manual de interpretación en materia de I.V.A. para Personas Morales Prestadoras de Servicios Empresariales.

Dr. Guillermo Robertson Andrade

Capítulo VII

Contabilidad para Efectos Fiscales

Es sabido que la *contabilidad*, es la ciencia que se dedica a registrar las operaciones de las empresas, es decir, es el arte de escribir en números la historia de todo negocio, claro está, cumpliendo en todo momento las disposiciones aplicables.

Hablando de las disposiciones aplicables, y para efectos de carácter fiscal, el artículo 36 del reglamento

La Gran Pregunta: ¿Pagar o no Pagar?

Manual de interpretación en materia de I.V.A. para Personas Morales Prestadoras de Servicios Empresariales.

Dr. Guillermo Robertson Andrade

de la Ley del Impuesto Sobre la Renta vigente por ministerio de los artículos transitorios de la nueva Ley del Impuesto Sobre la Renta, nos establece lo siguiente:

Reglamento de la Ley del Impuesto Sobre la Renta

Nuevo reglamento publicado en el Diario Oficial de la Federación
El 17 de octubre de 2003
Texto vigente. Última reforma publicada D.O.F. 04-12-2006

Artículo 36. Para los efectos de la fracción IV del artículo 31 de la ley, se entenderá que se cumple con el requisito de que las deducciones estén debidamente registradas en contabilidad inclusive cuando se lleven en cuentas de orden.

Es decir, la propia norma reglamentaria de la ley, establece como posibilidad para los contribuyentes lleven su contabilidad en cuentas de orden, para lo cual debemos de entender lo que son dichas cuentas por lo tanto veamos lo que son dichas cuentas de orden:

La Gran Pregunta: ¿Pagar o no Pagar?

Manual de interpretación en materia de I.V.A. para Personas Morales Prestadoras de Servicios Empresariales.

Dr. Guillermo Robertson Andrade

Son aquellas que controlan operaciones que no alteran la naturaleza de los bienes, derechos u obligaciones de un ente.

Las cuentas de orden deudoras se muestran al final del activo y las acreedoras al final del pasivo y patrimonio. Por lo tanto forman parte del balance general pero no representan activos, pasivos o patrimonio.

Los estados financieros deben contener toda la información adicional, para ello es necesario controlar dicha información, lo cual es posible haciendo uso de éstas cuentas.

La existencia de las cuentas de orden se hace evidente ante la necesidad social de contar con estados financieros ricos en información, para medir las

La Gran Pregunta: ¿Pagar o no Pagar?

Manual de interpretación en materia de I.V.A. para Personas Morales Prestadoras de Servicios Empresariales.

Dr. Guillermo Robertson Andrade

consecuencias de las decisiones y optar por la más favorable.

Por otra parte, es de tal importancia la información de las cuentas de orden que existen principios de contabilidad que contemplan su presencia en los estados financieros.

➢ De la entidad.

➢ De realización.

➢ De revelación suficiente.

Las cuentas de orden, por el principio de entidad, justifican su existencia.

Por lo que respecta al *principio de realización*, las cuentas de orden también se justifican en virtud de que tal principio expresa, que las operaciones realizadas por una entidad, debe reflejarse en los estados financieros.

La Gran Pregunta: ¿Pagar o no Pagar?
Manual de interpretación en materia de I.V.A. para Personas Morales Prestadoras de Servicios Empresariales.

Dr. Guillermo Robertson Andrade

Finalmente, las cuentas de orden se justifican también con el *principio de revelación suficiente,* en tanto que la información que brindan estas cuentas, proporcionan al lector elementos mayores para analizar e interpretar el balance general y al tomar decisiones.

Clasificación Cuentas de Orden

Las *cuentas de orden,* al no afectar directamente la situación financiera y resultados de una entidad, no serán cuentas de balance o de resultados, por tanto no pueden clasificarse dentro del grupo de cuentas de activo, pasivo, capital, ingresos u egresos.

Las cuentas de orden se clasifican en:

- Cuentas de orden para valores ajenos (depósitos en prenda y mercancías en comisión.)

La Gran Pregunta: ¿Pagar o no Pagar?
Manual de interpretación en materia de I.V.A. para Personas Morales Prestadoras de Servicios Empresariales.

Dr. Guillermo Robertson Andrade

- Cuentas de orden para valores contingentes (documentos descontados y endosados, avales otorgados, juicios pendientes y seguros contratados).
- Cuentas de orden para valores de registro o control (activo depreciable).
- Las cuentas de orden para registrar la existencia de alguna de las situaciones o eventos para las que fueron creadas las cuentas de orden, se cargará a una cuenta de orden y se abonará a otra cuenta de orden, por tres observaciones a razonar:
- Para conservar el equilibrio de la ecuación del balance general.

  Porque si se registrara cargando a una cuenta de orden y abonando a una de balance o de resultados la igualdad de $a = p + c$ se rompería impidiendo elaborar estados financieros.

La Gran Pregunta: ¿Pagar o no Pagar?
Manual de interpretación en materia de I.V.A. para Personas Morales Prestadoras de Servicios Empresariales.

Dr. Guillermo Robertson Andrade

Porque si se registrara cargando a una cuenta de balance o resultados y se abonara a una cuenta de orden, la igualdad a = p + c también se desintegraría, haciendo imposible la elaboración de estados financieros.

Cuentas de Orden más Comunes

Existe en nuestro medio, diversidad de entidades de giros divergentes y por ende, con características muy específicas, lo cual hace imposible enumerar las situaciones o eventos que requieren para su control e información de cuentas de orden.

Depósitos en prenda

Cuando una entidad efectúa ventas a crédito, puede darse la situación de exigir al cliente la entrega

La Gran Pregunta: ¿Pagar o no Pagar?

Manual de interpretación en materia de I.V.A. para Personas Morales Prestadoras de Servicios Empresariales.

Dr. Guillermo Robertson Andrade

de algún bien que garantice, en caso de falta de pago, el crédito otorgado.

Esta situación da lugar al uso de cuentas de orden para el control de este tipo de información.

Mercancías en comisión

Dentro de nuestro medio son comunes las operaciones consistentes en recibir de otra entidad mercancías para ser vendidas, obteniendo un premio denominado comisión. En estas operaciones quien remite las mercancías es llamado comitente. Quien recibe las mercancías para venderlas y obtener una comisión, es conocido con el nombre de comisionista.

En estas circunstancias, al recibir mercancías el comisionista, no puede registrarlas en cuentas de balance en tanto que no constituyen recursos propios, sino del comitente.

La Gran Pregunta: ¿Pagar o no Pagar?

Manual de interpretación en materia de I.V.A. para Personas Morales Prestadoras de Servicios Empresariales.

Dr. Guillermo Robertson Andrade

Documentos descontados y endosados

El otorgar crédito es una práctica común en las operaciones comerciales. Este crédito en frecuentes ocasiones se hace constar en documentos como letras o pagarés, los cuales se controlan a través de la cuenta, documentos por cobrar.

De la misma manera como se concede crédito, las entidades llegan a colocarse en situaciones tales, que también requieren de unos financiamientos para cumplir su programa de pagos o inversiones, para lo cual recurren a diferentes fuentes de financiamiento, entre ellos, a transferir a una institución bancaria los derechos sobre el cobro de sus documentos con vencimiento en fechas posteriores, a cambio de recibir el valor de ellos, menos una comisión cobrada por el banco por prestar el servicio de cubrir anticipadamente el importe de los documentos recibidos.

La Gran Pregunta: ¿Pagar o no Pagar?

Manual de interpretación en materia de I.V.A. para Personas Morales Prestadoras de Servicios Empresariales.

Dr. Guillermo Robertson Andrade

Avales otorgados

Al comentar los depósitos en prenda, se comentaba que esta situación se presentaba con la finalidad de garantizar en una forma material y más directa el cumplimiento de algún crédito concedido, existe otra manera la cual consiste en una tercera persona que se compromete a pagar la obligación contraída por el deudor principal, esto se conoce como aval. Este aval no asume una responsabilidad inmediata.

Juicios pendientes

Otro caso de pasivo contingente se presenta cuando se recibe de algún empleado, una demanda laboral. La suma demandada en este caso, normalmente se sujeta a un trámite para estudiar si carece de fundamento o procede total o parcialmente. Ante esta

La Gran Pregunta: ¿Pagar o no Pagar?

Manual de interpretación en materia de I.V.A. para Personas Morales Prestadoras de Servicios Empresariales.

Dr. Guillermo Robertson Andrade

situación, la contabilidad no puede permanecer a la expectativa hasta su resolución final.

Seguros contratados

El asegurar los activos de una entidad ante diferentes riesgos, tiene como finalidad prevenir contingencias y proteger a la empresa (oficinas, nave industrial, etcétera); de la misma forma procurar que su reposición por causa de algún siniestro sea para quien solicite el seguro, al menor costo posible. La suma asegurada no representa un valor que modifique la situación financiera y resultados de la entidad.

Activo depreciable

El cálculo de la depreciación implica un asiento que se refleja por una parte en cuentas de resultados, por ser una partida que disminuye la utilidad o

La Gran Pregunta: ¿Pagar o no Pagar?

Manual de interpretación en materia de I.V.A. para Personas Morales Prestadoras de Servicios Empresariales.

Dr. Guillermo Robertson Andrade

incrementa las perdidas y por otra, una aplicación en la cuenta complementaria correspondiente.

Presentación de las Cuentas de Orden

En primer lugar, lo que se informa de las cuentas de orden son ellas y su saldo, el cual no se puede integrar a las cuantas de balance ni a las de resultados en tanto que no afecten de momento, ni la situación financiera ni los resultados de la entidad.

Como segunda consideración, al expresarse que no afecten de momento la situación financiera y resultados de la entidad, denota por consiguiente que a futuro si pueden afectar, por ende deben formar parte de los estados financieros.

La Gran Pregunta: ¿Pagar o no Pagar?

Manual de interpretación en materia de I.V.A. para Personas Morales Prestadoras de Servicios Empresariales.

Dr. Guillermo Robertson Andrade

Finalmente, las cuentas de orden se presentan al pie del balance general, esto es, en su parte inferior, de manera inmediata siguiente a presentación de todas las cuentas de activo, pasivo, y capital. Ahora bien, igualmente podemos utilizar dichas cuentas de orden para registrar la contabilidad fiscal, ello, como ya se dijo de conformidad con el artículo 36 del Reglamento de la Ley del Impuesto Sobre la Renta. Como podemos ver todas las operaciones claramente por disposición del cardinal 36 del reglamento de la Ley del Impuesto Sobre la Renta las podemos registrar.

La Gran Pregunta: ¿Pagar o no Pagar?

Manual de interpretación en materia de I.V.A. para Personas Morales Prestadoras de Servicios Empresariales.

Dr. Guillermo Robertson Andrade

La Gran Pregunta: ¿Pagar o no Pagar?

Manual de interpretación en materia de I.V.A. para Personas Morales Prestadoras de Servicios Empresariales.

Dr. Guillermo Robertson Andrade

Conclusión

La Gran Pregunta: ¿Pagar o no Pagar?

Manual de interpretación en materia de I.V.A. para Personas Morales Prestadoras de Servicios Empresariales.

Dr. Guillermo Robertson Andrade

La Gran Pregunta: ¿Pagar o no Pagar?
Manual de interpretación en materia de I.V.A. para Personas Morales Prestadoras de Servicios Empresariales.

Dr. Guillermo Robertson Andrade

Conclusión

Partiendo de los principios y preceptos legales que establece la Constitución Política de los Estados Unidos Mexicanos, en sus artículos 1, primer, segundo y tercer párrafos; 6, 8, 14, 16, 31, fracción IV, y 133 así como, por lo expuesto en los tratados internacionales en materia de derechos humanos, como lo es la Convención Americana de Derechos Humanos, en sus artículos 1.1, 8, 9 y 29; de la misma forma, por lo explicado en el Código Civil Federal, en su artículo 25 que nos indica quienes son las personas morales y dentro de ellas claro está que, se encuentran las empresas; como también por lo establecido en los diversos artículos revisados en: Ley General de Sociedades Mercantiles, Ley del Impuesto al Valor Agregado, Ley del Impuesto Sobre la Renta y su

La Gran Pregunta: ¿Pagar o no Pagar?

Manual de interpretación en materia de I.V.A. para Personas Morales Prestadoras de Servicios Empresariales.

Dr. Guillermo Robertson Andrade

reglamento, el Código Federal de Procedimientos Civiles; el Código de Comercio; el Código Fiscal de la Federación y su reglamento y demás referidos en el presente ensayo: como también por las diversas jurisprudencias, criterios y tesis aisladas de la Suprema Corte de Justicia de la Nación citadas en el presente y tal cual he podido observar, para la debida aplicación de la materia tributaria; puedo concluir de forma fundamentada y documentada que las personas morales prestadoras de servicios empresariales no deben pagar el Impuesto al Valor Agregado.

La Gran Pregunta: ¿Pagar o no Pagar?

Manual de interpretación en materia de I.V.A. para Personas Morales Prestadoras de Servicios Empresariales.

Dr. Guillermo Robertson Andrade

NOTAS

*1 Ello es así ya que de la lectura que se le dé a dichos cardinales obtenemos que tenemos los derechos humanos reconocidos por los tratados internacionales, así como por la Constitución; los cuales están garantizados por la misma. De ahí que tenemos el derecho humano a la información, misma que se tiene no como una autosatisfacción personal ya que, dicho derecho, es un verdadero derecho humano colectivo. Asimismo, obtener la información necesaria sirve para ejercer otros derechos. De igual manera también tenemos el derecho humano a una respuesta congruente y exhaustiva de parte de las autoridades de los tres niveles de gobierno; como también tenemos el derecho humano a la certeza y seguridad jurídica y, en este sentido, tenemos el derecho a saber que la seguridad jurídica en materia impositiva consiste precisamente en saber: 1).- a qué atenerse; 2).- que contribuimos al gasto público por ministerio de la solidaridad, más nunca por la imposición de ninguna autoridad. En este mismo orden de ideas, es nuestro derecho humano poder aplicar cualquier ley existente, misma que debemos entenderla como el conjunto de normas creadas por el Parlamento y que cualquier autoridad deberá de promover, respetar, proteger y garantizar la justa y debida aplicación de las mismas sustentado en el respeto a dichos derechos humanos que se encuentren en cualquier ordenamiento legal aplicable al caso en concreto.

*2 Mismos que indican que son verdaderos derechos humanos: 1).- ser tratados con la debida igualdad y consideración por todas las autoridades, incluyendo las fiscales; 2).- que para que se pueda limitar o menoscabar un derecho o bien contar con un acto de molestia, tenemos el derecho humano a ser oídos previamente al acto de autoridad y 3).- que todas las autoridades deberán de aplicar el derecho humano a la legalidad y así mismo que todos los derechos humanos deberán ser interpretados de la manera más proteccionista.

.

La Gran Pregunta: ¿Pagar o no Pagar?

Manual de interpretación en materia de I.V.A. para Personas Morales Prestadoras de Servicios Empresariales.

Dr. Guillermo Robertson Andrade

La Gran Pregunta: ¿Pagar o no Pagar?

Manual de interpretación en materia de I.V.A. para Personas Morales Prestadoras de Servicios Empresariales.

Dr. Guillermo Robertson Andrade

Sobre el Autor

La Gran Pregunta: ¿Pagar o no Pagar?

Manual de interpretación en materia de I.V.A. para Personas Morales Prestadoras de Servicios Empresariales.

Dr. Guillermo Robertson Andrade

La Gran Pregunta: ¿Pagar o no Pagar?
Manual de interpretación en materia de I.V.A. para Personas Morales Prestadoras de Servicios Empresariales.
Dr. Guillermo Robertson Andrade

Sobre el Autor

"Nunca consideres el estudio como una obligación, sino como una oportunidad para penetrar en el bello y maravilloso mundo del saber".

El Dr. Guillermo Robertson Andrade es un reconocido Contador Público, Licenciado en Derecho, Maestro y Doctorando Institucional en Impuestos por el Centro Nacional de Estudios e Investigación Tributaria, A. C., bajo la tesis "La Nueva Defensa Fiscal a través de los Derechos Humanos de los Contribuyentes".

Expositor a nivel nacional, así como Líder reconocido en temas de Planeación y Defensa Fiscal.

La Gran Pregunta: ¿Pagar o no Pagar?

Manual de interpretación en materia de I.V.A. para Personas Morales Prestadoras de Servicios Empresariales.

Dr. Guillermo Robertson Andrade

Autor de la famosa "Tríada en Defensa Fiscal", que actualmente es distribuida a nivel nacional, siendo de gran utilidad como instrumento de capacitación para especialistas y empresarios, la cual se compone de los siguientes títulos:

"Exégesis de la Ley Federal de los Derechos del Contribuyente".

"Defensa Fiscal vs Visitas Domiciliarias".

"Puntos Finos, Refinados y Afinados de la Defensa Fiscal".

Otros títulos reconocidos de su autoría son los siguientes:

"¿Procede o No Procede?".

"¿Proporcionalidad sin Proporción?".

"Razonabilidad sin Razón".

La Gran Pregunta: ¿Pagar o no Pagar?
Manual de interpretación en materia de I.V.A. para Personas Morales Prestadoras de Servicios Empresariales.

Dr. Guillermo Robertson Andrade

Trilogía dedicada al análisis minucioso desde diferentes perspectivas de la fracción XXX del artículo 28 de la Ley del Impuesto Sobre la Renta.

Creador del único video taller 100% práctico online en materia de Defensa Fiscal en contra de Visitas Domiciliarias.

Asesor de diversas empresas a Nivel Internacional (México y Estados Unidos).

Columnista en diversas revistas impresas y electrónicas como lo son: "Vanguardia Fiscal", "Información Fiscal Oportuna", por mencionar algunas.

Experiencia en Litigio y Planeación Fiscal por más de 15 años.

La Gran Pregunta: ¿Pagar o no Pagar?

Manual de interpretación en materia de I.V.A. para Personas Morales Prestadoras de Servicios Empresariales.

Dr. Guillermo Robertson Andrade

Socio fundador y Presidente del Corporativo Fiscal y Administrativo Robertson, Saracho, Del Peral y Asociados.

Ex-asesor en el H. Congreso del estado de Baja California.

Algunos de sus trabajos se encuentran en la Biblioteca General de la Suprema Corte de Justicia de la Nación así como en el H. Congreso de la Unión.

La Gran Pregunta: ¿Pagar o no Pagar?

Manual de interpretación en materia de I.V.A. para Personas Morales Prestadoras de Servicios Empresariales.

Dr. Guillermo Robertson Andrade

Bibliografía

La Gran Pregunta: ¿Pagar o no Pagar?

Manual de interpretación en materia de I.V.A. para Personas Morales Prestadoras de Servicios Empresariales.

Dr. Guillermo Robertson Andrade

La Gran Pregunta: ¿Pagar o no Pagar?
Manual de interpretación en materia de I.V.A. para Personas Morales Prestadoras de Servicios Empresariales.

Dr. Guillermo Robertson Andrade

Bibliografía

1. Constitución Política de los Estados Unidos Mexicanos.
2. Convención Americana de Derechos Humanos.
3. Ley del Impuesto Sobre la Renta.
4. Ley General de Sociedades Mercantiles.
5. Código Civil Federal.
6. Código Federal de Procedimientos Civiles.
7. Ley del Impuesto al Valor Agregado.
8. Código Fiscal de la Federación.
9. Código de Comercio.
10. Revista del H. Tribunal Federal de Justicia Fiscal y Administrativa.
11. Jurisprudencias de la Suprema Corte de Justicia de la Nación.
12. Página de internet de la Suprema Corte de Justicia de la Nación.

La Gran Pregunta: ¿Pagar o no Pagar?

Manual de interpretación en materia de I.V.A. para Personas Morales Prestadoras de Servicios Empresariales.

Dr. Guillermo Robertson Andrade

La Gran Pregunta: ¿Pagar o no Pagar?

Manual de interpretación en materia de I.V.A. para Personas Morales Prestadoras de Servicios Empresariales.

Dr. Guillermo Robertson Andrade

Contenido

Nota de Autor	5
Dedicatoria	9
Introducción	13
Principios Constitucionales Aplicables	19
Principio de Simetría Fiscal	33
El Hecho Generador y el Imponible	59
Disposiciones Legales Aplicables	71
Métodos de Interpretación Jurídica	103
Interpretación Aplicable al Tema	117
Contabilidad Para Efectos Fiscales	129
Conclusión	145
Notas	149
Sobre el Autor	151
Bibliografía	157

La Gran Pregunta: ¿Pagar o no Pagar?

Manual de interpretación en materia de I.V.A. para Personas Morales Prestadoras de Servicios Empresariales.

Dr. Guillermo Robertson Andrade

La Gran Pregunta: ¿Pagar o no Pagar?

Manual de interpretación en materia de I.V.A. para Personas Morales Prestadoras de Servicios Empresariales.

Dr. Guillermo Robertson Andrade

"No hay libertad verdadera sin garantías de una efectiva justicia y seguridad social".

Arturo Frondizi (1908-1995)

Abogado, periodista, docente y político argentino.

La Gran Pregunta: ¿Pagar o no Pagar?

Manual de interpretación en materia de I.V.A. para Personas Morales Prestadoras de Servicios Empresariales.

Dr. Guillermo Robertson Andrade

La Gran Pregunta:
¿Pagar o no Pagar?
Manual de interpretación en materia del I.V.A.
para Personas Morales prestadoras
de Servicios Empresariales.
Primera edición 2015.

Es una obra protegida por los derechos de autor. Todos los derechos de texto reservados por Marcos Guillermo Robertson Andrade. Todos los derechos de diseño, portada y edición reservados por Wendy R. Saracho Narcio, editor y coordinador general. Todos los derechos para esta primera edición reservados por RS Ediciones. La presente obra se terminó de editar el día 10 de Julio del 2015 en las instalaciones de RS Ediciones, Calle Moctezuma No. 718-4, Zona Centro, Ensenada, Baja California, C.P. 22800

La Gran Pregunta:
¿Pagar o no Pagar?
Manual de interpretación en materia del I.V.A.
para Personas Morales prestadoras
de Servicios Empresariales.
Primera edición 2015.

Es una obra patrocinada por Robertson, Saracho del Peral y Asociados S.C. de R.L. de C.V.
Prohibida su reproducción parcial o total por cualquier medio incluyendo: fotocopiadora, impresora digital, páginas electrónicas, cuentas de redes sociales; así como la elaboración de material editorial, educativo, audiovisual o cinematográfico basado en el argumento de esta obra sin la autorización expresa de los propietarios de los derechos de autor.

www.ingramcontent.com/pod-product-compliance
Lightning Source LLC
Chambersburg PA
CBHW030740180526
45163CB00003B/868